新版

イレギュラーな
相続に対処する

未分割申告
の税実務

税理士法人トゥモローズ
［著］

清文社

改訂にあたって

　本書は平成28年12月に上梓した拙著『イレギュラーな相続に対処する 未分割申告の税実務』の改訂版です。幸い、初版では多くの相続実務に携わる専門家の読者を得、たくさんのご意見と有難いお言葉をいただきました。また、実際に拙著を購読いただいた弁護士の先生から「この書籍を書いた税理士であれば」ということで、その親族の方から相続税申告のご依頼をいただくようなこともありました。

　今回の改訂にあたっては、出版後に気が付いた小さな不備の訂正や、初版後に公表された最新の判例等を織り込んだことに加えて、実に約40年ぶりに行われた相続法大改正の内容を加味して見直しを行いました。相続法は、社会情勢の変化と高齢化が進む中、その対応の必要性が高まってきたことにより見直しがなされたものですが、本書では特に、「配偶者居住権の創設」「遺産の一部分割の明確化」「遺留分制度の見直し」「特別の寄与制度の創設」など、未分割申告の税実務に影響がある部分について留意点として解説を加えています。また、所有者不明土地関連法の改正についても解説を追加しています。

　相続法の改正という新たな論点と未分割税実務というまさにイレギュラーな論点が重なり合うため、相続の実務を取り扱う専門家にとって痒いところに手が届くような内容となっていれば幸いに存じます。

　改訂版を出版するにあたっても、初版に引き続き、機会をいただいた依田さんをはじめ株式会社清文社の皆様に心より厚く御礼申し上げます。

　令和4年7月

税理士法人トゥモローズ
税理士　角田　壮平
税理士　大塚　英司

はしがき
（初 版）

　平成27年から相続税の基礎控除が引き下げられた影響で相続税申告の案件が増加し、相続実務を担当する専門家においても相続税申告、相続相談等の依頼が増えてきているかと思います。また、核家族化、兄弟姉妹の関係性の希薄化等の影響で相続争いになる件数も増加傾向にあります。

　遺産分割調停・審判の件数は30年前の2.5倍程度に増えており、家庭裁判所の新受件数としても年間1万5,000件を超えています。この数値はあくまで家庭裁判所にて調停・審判に発展した件数であり、調停・審判に発展しない遺産分割争いの件数は「その10倍はある」と実務ベースではいわれております。現実に家庭裁判所への遺産分割関係の相談件数は毎年20万件に上っているという状況にあります。

　相続実務において遺産分割不調、相続人間の争い等のトラブルに接する機会も増え、下記のような判断に迷う場面に出くわすことも多々あるかと思います。

● 遺言書があっても未分割申告は可能なのか？
● 生前贈与やみなし相続財産がある場合の未分割申告の計算方法は？
● 数次相続案件で配偶者の税額軽減を適用しない方が有利になるケースとは？
● どのようなケースであれば期限後申告や更正の請求でも小規模宅地等の特例が使えるのか？
● 遺留分減殺請求がされている場合の不動産所得の帰属はどうなるのか？
● 未分割の場合の消費税の納税義務の判定はどう計算するのか？

　未分割申告が必要となるような相続争いの税実務は通常の争いのない案件に比較しイレギュラーな取り扱いの論点も多く、手続きを一つ間違えただけで取り返しのつかないことにもなりかねません。本書では、このような相続争いに

発展してしまった場合の相続税実務について、当初申告である未分割申告の論点、遺言書がある場合の争い案件の論点、その後遺産分割等が確定した場合の更正の請求、修正申告、期限後申告の論点につき、実務上特に留意しなければいけない部分を具体的かつ網羅的に解説しております。さらに、所得税、消費税の相続争いに関連する論点についても言及しております。

　本書が相続実務を取り扱う専門家の皆様の少しでも参考になれば幸いに存じます。

　なお、文中意見にわたる部分は筆者の個人的見解に基づくものであることを念のため申し添えます。

　最後に、本書を執筆する機会を与えて下さった株式会社清文社の皆様に心より厚く御礼申し上げます。

　平成28年12月

税理士法人トゥモローズ
税理士　角田 壮平
税理士　大塚 英司

新版 イレギュラーな相続に対処する 未分割申告の税実務
CONTENTS

第1編 未分割の場合の相続税実務

1 相続法の改正と未分割申告の留意点 3

2 未分割申告案件を受任した場合の留意点 9

3 争い案件である未分割申告の特徴と留意点 11

4 遺産未確定案件である未分割申告の特徴と留意点 14

5 戦略的未分割案件である未分割申告の特徴と留意点 16

6 未分割申告案件の一連の流れ 18

7 未分割の場合の相続税の取扱い 21

8 みなし相続財産がある場合の未分割申告 24

9 生前贈与がある場合の未分割申告 26

10 相続放棄があった場合の未分割申告 40

11 相続財産の一部が未分割である場合の未分割申告 44

12 相続人が確定していない場合の未分割申告 49

13 数次相続の場合の相続税申告 51

14 被相続人が外国人の場合の未分割申告 64

15 未分割申告の場合の特例適用の可否 68

16 配偶者に対する相続税額の軽減 72

17 小規模宅地等についての相続税の課税価格の計算の特例 82

18 取引相場のない株式の評価 89

19 未分割申告における延納、物納 94

20 申告期限後3年以内の分割見込書 98

21 遺産が未分割であることについてやむを得ない事由がある旨の承認申請書 103

22 所有者不明土地関連法の改正 115

第2編 遺言がある場合の争い案件の相続税実務

① 遺言と異なる遺産分割の可否 123

② 遺言がある場合の未分割申告の可否 125

③ 特定財産承継遺言の詳説 128

④ 遺留分侵害額請求がされている場合の相続税申告 130

⑤ 遺言無効訴訟が提起されている場合の相続税申告 138

⑥ 停止条件付遺言がある場合の相続税申告 142

第3編 遺産分割等が確定した場合の相続税実務

第1章 国税通則法における更正の請求 147

① 国税通則法における更正の請求の概要 147

② 一般的な更正の請求 150

③ 後発的事由による更正の請求 152

④ 更正の請求の手続き 155

第2章 相続税法における更正の請求の特則 159

⑤ 相続税法における更正の請求の趣旨 159

⑥ 更正の請求事由の確認 164

⑦ 更正の請求等における加算税、延滞税 172

⑧ 調査により申告漏れが発覚した場合の修正申告 174

第3章 個別論点詳説 181

⑨ 分割確定日の詳説 181

10 更正の請求における配偶者の税額軽減の適用可否 193

11 更正の請求等における小規模宅地等の特例の適用可否 195

12 遺産分割確定時の土地評価 207

13 相続税法第32条の更正の請求における評価額是正の可否 213

14 遺留分侵害額請求により財産を取得した場合 219

15 遺留分侵害額に相当する価額の算出方法 223

16 遺留分侵害額請求により財産を取得した場合の期限後申告の有無 227

17 遺言無効の判決により遺産分割をした場合の更正の請求の可否 229

18 特別寄与料の支払いがあった場合 231

第4編 未分割等の場合の所得税・消費税の実務

第1章　所得税の実務 237

1 準確定申告の納付額、還付額の負担 237

2 未分割遺産に対する収入の申告 244

3 遺留分侵害額請求がされた場合の収入の帰属 250

4 未分割遺産を譲渡した場合の申告 252

5 代償分割と換価分割の有利選択 256

6 未分割期間中に他の相続人の必要経費に計上されてきた減価償却費に係る取得費 261

7 空き家を譲渡した場合の特例 263

8 共有物分割と税金 272

9 遺留分侵害額請求権にかかる譲渡所得の取り扱い 275

第2章　国外転出時課税の実務 277

10 申告期限までに未分割である場合の国外転出時課税の取り扱い 277

11 国外転出時課税制度の概要 280

12 国外転出（相続）時課税 286

第3章　消費税の実務 295

13 未分割遺産から生じる資産の譲渡等の帰属 295

14 相続開始年における未分割遺産に係る共同相続の場合の納税義務 297

15 相続開始年の翌年以降における未分割遺産に係る共同相続の場合の納税義務 300

16 被相続人が提出した消費税の届出書の効力 305

※本書は令和4年6月1日現在の法令等により記述しています。

────── 凡例 ──────

相続税法	相法
相続税法施行令	相令
相続税法施行規則	相規
相続税法基本通達	相基通
財産評価基本通達	評基通
所得税法	所法
所得税法施行令	所令
所得税法施行規則	所規
所得税基本通達	所基通
消費税法	消法
消費税法施行令	消令
消費税法基本通達	消基通
租税特別措置法	措法
租税特別措置法施行令	措令
租税特別措置法施行規則	措規
租税特別措置法関係通達	措置通
国税通則法	通法
国税通則法施行令	通令
民法	民
家事事件手続法	家事
不動産登記法	不登
借地借家法	借地借家

例：相続税法第12条第1項第5号イ　⇒　相法12①五イ

第1編

未分割の場合の
相続税実務

1 相続法の改正と 未分割申告の留意点

Q 平成30年7月に民法の相続法が約40年ぶりに大改正されましたが、この相続法の大改正の概要と未分割申告の税実務における留意点を教えてください。

A 相続法の改正は未分割申告の税実務にも大きな影響を及ぼします。**解説**にて相続法の主な改正点と未分割申告の税実務における留意点を解説していますのでご参照ください。

解　説

（1）配偶者居住権の創設

　配偶者居住権とは、配偶者が相続開始時に居住していた被相続人の建物に終身又は一定期間無償で居住することができる権利です（民1028）。配偶者居住権の成立要件は下記となります。

① 被相続人の配偶者であること

② その配偶者が、被相続人が所有していた建物に亡くなったときに居住していたこと

③ 遺産分割、遺贈、死因贈与、家庭裁判所の審判により取得したこと

　未分割申告後に配偶者居住権が設定されたときは、配偶者居住権等を評価して更正の請求、修正申告又は期限後申告をすることとなります。

第1編
未分割の場合の相続税実務

【国税庁ホームページ　資産課税課情報第17号　令和2年7月7日　国税庁資産課税課
相続税及び贈与税等に関する質疑応答事例（民法（相続法）改正関係）について（情報）】

（事例1－15）配偶者居住権の設定が申告期限後になる場合の相続税の申告等

> 問　相続税の申告期限までに遺産分割協議が成立せず、配偶者居住権の設定が申告期限後になる場合、相続税の申告はどのようにすればよいか。また、小規模宅地等の特例の適用関係はどのようになるか。

答
1　相続税の申告手続等

　相続等により財産を取得した者が相続税の申告書を提出する場合において、配偶者居住権を設定しようとする建物及びその敷地等が共同相続人等によってまだ分割されていないときは、その分割されていない財産については、各共同相続人等が民法の規定による法定相続分の割合に従ってその財産を取得したものとして課税価格を計算し、相続の開始があったことを知った日の翌日から10か月以内に当該申告書を納税地の所轄税務署長に提出する必要がある（相法27、55）。

　※　当該相続に係る被相続人の配偶者は、遺産の分割により当該建物の帰属が確定するまで等は、配偶者短期居住権に基づき当該建物に居住できるが（民法1037）、この配偶者短期居住権は相続税の課税対象には馴染まないと解されるため、上記の相続税の課税価格への算入は要しない（事例3－1参照）。

　その後、財産の分割により配偶者居住権が設定され、共同相続人等が当該分割により取得した財産に係る課税価格について、当該法定相続分等の割合に従って計算された課税価格と異なることとなった場合において、既に確定した相続税額に不足を生じたときは修正申告書を、新たに相続税の申告書を提出すべき要件に該当することとなったときは期限後申告書を提出することができる（相法30、31）。また、課税価格及び相続税額等が過大となったときは、その分割が行われた日の翌日から4か月以内に限り更正の請求をすることができる（相法32）。

4

2 小規模宅地等の特例の適用関係

　原則として、相続税の申告期限までに分割されていない宅地等については、特例の適用対象とならないが、相続税の申告書に「申告期限後3年以内の分割見込書」を添付して提出しておき、相続税の申告期限から3年以内に分割が行われ、配偶者居住権に基づく敷地利用権又は敷地所有権を取得した場合には、それらについて特例の適用を受けることができる。この場合において、その課税価格及び相続税額等が過大となったときは、その分割が行われた日の翌日から4か月以内に限り更正の請求をすることができる（措置法69の4④⑤、措置法令40の2㉖、措置法規則23の2⑧）。

　※　相続税の申告期限の翌日から3年を経過する日において相続等に関する訴えが提起されているなど一定のやむを得ない事情がある場合において、申告期限後3年を経過する日の翌日から2か月を経過する日までに、「遺産が未分割であることについてやむを得ない事由がある旨の承認申請書」を提出し、その申請につき所轄税務署長の承認を受けた場合において、判決の確定の日など一定の日の翌日から4か月以内に分割が行われ、配偶者居住権に基づく敷地利用権又は敷地所有権を取得したときは、それらについて特例の適用を受けることができる。この場合において、その課税価格及び相続税額等が過大となったときは、その分割が行われた日の翌日から4か月以内に限り更正の請求をすることができる（措置法69の4④⑤、措置法令40の2㉓㉖）。

(2) 配偶者に対する持戻し免除

　婚姻期間が20年以上の夫婦の一方である被相続人が、他の一方に対し、その居住の用に供する建物又はその敷地について遺贈又は贈与をしたときは、当該被相続人は、その遺贈又は贈与について特別受益者の相続分の規定を適用しない旨の意思を表示したものと推定することとされました（民903④）。この改正により、配偶者への持戻し免除の対象となる居住用財産の遺贈又は贈与がある場合の未分割申告は、当該遺贈又は贈与を特別受益の額に含めずに計算する必要があります。詳しくは、**Q9**（生前贈与がある場合の未分割申告）を参照してください。

（3）預貯金の払い戻し制度の創設

　平成28年12月19日の最高裁大法廷決定により、預貯金債権は遺産分割の対象になることとされたことから共同相続人による単独での預貯金の払戻しができないこととされました。

　この最高裁決定による実務上の不都合に対応すべく、共同相続人の各種資金需要に迅速に対応することを目的として、各共同相続人は、遺産に属する預貯金債権のうち相続開始の時の債権額の3分の1に当該共同相続人の相続分を乗じた額については、単独でその権利を行使することができることとされました（民902の2）。なお、同一の金融機関において払戻しが可能となる上限額は150万円と定められました（民法第909条の2に規定する法務省令で定める額を定める省令（平成30年法務省令第29号））。したがって、当該制度は共同相続人の当面の生活費、葬儀費用の支払、相続債務の弁済等の小口の資金需要に対応するものと想定されます。

　一方、多額の資金準備が見込まれる未分割申告時の相続税の納税資金確保については、当該制度は使わずに、共同相続人の同意により遺産の一部分割をして被相続人の預貯金の一定額を払い戻すか、家事事件手続法第200条第3項による家庭裁判所の判断を経て預貯金の仮払いを得る方法のいずれかによるものと考えます。

（4）遺産の一部分割の明確化

　旧法下では、遺産の一部分割が認められているかどうかが、法文上、必ずしも明確ではありませんでした。しかし、実務上は、遺産の一部分割がなされている場面も多々あったことから、今回の相続法改正において、遺産の一部分割が可能な旨が明文化されました（民907）。

　遺産の一部分割がある場合の未分割申告の詳細については、**Q11**（相続財産の一部が未分割である場合の未分割申告）を参照してください。

（5）遺産分割前に遺産が処分された場合の遺産範囲の明確化

　旧法下では、遺産分割前に遺産が処分された場合に、当該処分された遺産をどのように遺産分割に反映すべきかが明文化されていませんでした。実務においても遺産分割時に存在する財産のみが遺産分割の対象となっており、遺産を処分した者と処分された者との間で不公平が生じることとなっていました。

　そこで、遺産の分割前に遺産が処分された場合であっても、共同相続人は、その全員の同意により、当該処分された財産が遺産の分割時に遺産として存在するものとみなして遺産分割の対象とすることができることとなりました（民906の2）。

（6）自筆証書遺言の方式緩和

　自筆証書遺言はその全文を自書することが求められていましたが、相続法改正により、財産目録部分については自書を要しなくなりました。なお、この財産目録の毎葉に署名、押印が必要となります（民968②）。

（7）自筆証書遺言の保管制度の創設

　自筆証書遺言を法務局で保管することができる制度が創設されました。この制度の活用により、自筆証書遺言の紛失や形式面の不備等のリスクが軽減されることが予想されます。

（8）遺留分制度の見直し

　遺留分制度の主な改正点は、①遺留分権利者が有する権利の金銭債権化と②遺留分算定方法の明確化となります。

　金銭債権化により、遺産の共有状態を回避することができるようになりまし

た。また、遺留分算定方法の明確化により、相続人に対する生前贈与の遡り期間が無制限から原則10年に改正されました。

遺留分制度の詳細解説は、**第2編 Q4**（遺留分侵害額請求がされている場合の相続税申告）、**第3編 Q14**（遺留分侵害額請求により財産を取得した場合）、**Q15**（遺留分侵害額に相当する価額の算出方法）を参照してください。

(9) 相続の効力等の見直し

旧相続法では、遺言による権利変動のうち相続を原因とするものについて登記等の対抗要件を備えなくともその権利を第三者に対抗することができることとなっていました。相続法改正により、法定相続分を超える権利の取得を第三者に主張するためには登記等の対抗要件を備えることが必要となりました（民899の2）。

(10) 特別の寄与制度の創設

相続人以外の被相続人の親族が無償で被相続人の療養看護等を行った場合には、相続人に対して金銭の請求をすることができるようになりました（民1050）。

特別の寄与制度の詳細解説は、**第3編 Q18**（特別寄与料の支払いがあった場合）を参照してください。

2 未分割申告案件を 受任した場合の留意点

Q 申告期限までに遺産分割がまとまらないような相続税申告案件を受任した場合の留意点があれば教えてください。

A 未分割申告案件は、各種特例が使えないため納税額が多額になるケースが多く、納税資金の準備やスケジュールの管理等が重要となります。また、申告後遺産分割が確定するまでのフォローにも気を付けなければいけません。

解　説

(1) 未分割申告案件のパターン

未分割申告案件には、大きく分けて下記の3つのパターンが存在します。

①相続人間で争いがあり、申告期限までに遺産分割が確定しない場合（争い案件、**Q3**参照）

②相続人間の争いはないが、申告期限までに遺産の把握、評価が確定しない場合（遺産未確定案件、**Q4**参照）

③個別的事情により戦略的に未分割の相続税申告書を提出する場合（戦略的未分割案件、**Q5**参照）

(2) 納税資金の準備を顧客へ通知

未分割申告案件は、申告期限内に遺産分割が確定した場合の相続税申告（以下、この編において「期限内分割申告」といいます）案件と比較して、配偶者の税額軽減や小規模宅地等の特例などの各種特例が適用できないため、相続税の

納付額が多額になる傾向にあります。

　また、未分割財産を担保不適格と認定され延納の適用ができない可能性があり、さらに、物納についても未分割財産が管理処分不適格財産に該当し、物納が却下される可能性もあります。

　このような理由から、未分割申告案件となりそうな場合には、早めに顧客に対して納税資金の準備を示唆しなければなりません。

(3) 申告後のフォロー

　「未分割申告書」の提出後、遺産分割が確定等した場合には、その確定等の事由が生じたことを知った日の翌日から4か月以内に、更正の請求又は修正申告をする必要があります。すなわち、税理士として当該更正の請求や修正申告を失念しないためにも、顧客や弁護士に対して進捗状況を定期的に確認するなどのフォローが必要となります。弊税理士法人では、未分割申告案件を一覧にまとめて、毎月4か月以上連絡の間隔が開いている顧客がないかの確認を実施することにより、更正の請求等の失念を防ぐ工夫をしています。

　また、未分割による相続税申告書の提出期限から3年以内に遺産分割等が確定しないことについてやむを得ない事情がある場合には、申告期限後3年を経過する日の翌日から2か月以内の間に「遺産が未分割であることについてやむを得ない事由がある旨の承認申請書」を提出する必要があります。

　なお、この承認申請書の提出を税理士が失念したことにより、顧客から損害賠償請求を受けた事例も存在しますので、注意が必要です。

3 争い案件である未分割申告の特徴と留意点

Q 未分割申告案件は、相続人間の遺産分割争いにより発生するケースが多いと思いますが、そのような争い案件の特徴と留意点を教えてください。

A 争い案件では、相続人間でコミュニケーションが取れない可能性が高いため、税理士のアレンジ能力が重要になります。当方の弁護士や先方の弁護士及び税理士などと適切に協議しながら案件を遂行していく必要があります。

解 説

(1) 争い案件のパターン

① 二以上の相続税申告書を提出する場合

　このパターンについては、相続人ごとに別々の税理士に頼んでいるため、初回の面談も一方の相続人のみと面談することになります。また、相続人間でコミュニケーションが取れていない場合が多く、争いも長期化する傾向にあります。さらに、二以上の相続税申告書が税務署に提出されているため、一つの相続税申告案件で課税価格が二以上存在することとなり、税務調査に発展する可能性も高くなります。

　このような場合には、先方の相続人の弁護士や税理士とコミュニケーションを取りながら各々の申告書の摺り合わせを行い、なるべく同じ課税価格、同じ内容の相続税申告書を提出するように心がけるべきです。

② 一つの相続税申告書を提出する場合

　相続人間でなんとかコミュニケーションは取れていますが、双方の意向が一致せずに、相続税の申告期限までに遺産分割がまとまらない場合です。このよ

うな場合は、初回の面談時等では争っている気配は感じられなかったにもかかわらず、ちょっとしたことをきっかけに争いになってしまうこともあります。

このような案件は、争いの根がそこまで深くはないので、双方の意向を斟酌しながら落とし所を探っていくことになります。

(2) 弁護士法第72条（非弁行為）に該当しないか注意する

遺産分割協議において相続人間で意向がまとまらないときに、税理士がその調整役となるケースもあるかもしれませんが、争い案件について、弁護士でない者がその調整役として遺産分割をまとめてしまうと、弁護士法第72条（非弁行為）に該当する可能性があるため注意が必要です。これに違反してしまうと「2年以下の懲役又は300万円以下の罰金」（弁護士法第77条）に処されます。

(3) 遺産分割等確定後の留意点

一つの相続案件で税理士が二以上ある場合、すなわち二以上の相続税申告書が提出されている場合には、遺産分割等確定後の更正の請求や修正申告書も二以上存在することになります。

以下のような案件について考えてみましょう。仮に、相続税の総額が遺産分割によっても増減しない案件で、相手方の相続人が更正の請求、当方の相続人が修正申告をすることができる納税者だったとします。相手方の相続人が何らかの理由で更正の請求をしなかった場合、税務当局が減額更正をしないことも考えられます。そのような場合には、当方の相続人も修正申告をしなくてもよいのです。しかし、相手方の相続人が更正の請求をした場合において、当方相続人が修正申告をしなかったときは、税務当局から更正通知書が届き、一定の期間を超えて納付する場合は、延滞税が賦課されるため注意が必要です。

相続税の総額に増減がない案件は、実務上、税務手続きを経ずに遺産分割の枠内で各々が還付又は納付すべき相続税の調整をしてしまうこともありますが

（すなわち、更正の請求や修正申告をしないということ）、そうならないときは、相手方がどのような税務処理をしているか、都度確認する必要があります。

第1編
未分割の場合の相続税実務

遺産未確定案件である未分割申告の特徴と留意点

Q 遺産の把握や評価が確定せずに相続税の申告期限を迎えてしまう案件もあるかと思いますが、そのような案件の特徴と留意点を教えてください。

A 相続税の申告期限間際で受任した案件や顧客の資料提出が遅れた案件については、相続財産の全体像や評価が申告期限までに確定しないこともあり得ます。そのような案件については、概算かつ未分割にて申告し、遺産の評価等が確定後、更正の請求又は修正申告をします。

解　説

(1) 特徴

　遺産分割協議は、通常すべての遺産が確定した後に実施します。したがって、すべての遺産が把握しきれていない場合や遺産の評価が確定していない場合には、相続人全員が納得できるような遺産分割をすることができません。このような状況で相続税の申告期限が到来してしまった場合には、未分割での申告となります。**Q3**のケースのように争っているわけではないため、遺産の把握や評価が確定した後は、長期化せずに遺産分割協議が調うケースがほとんどです。

(2) 申告額の立証責任

　遺産が確定していないことから期限内申告書は概算による申告になり、遺産分割確定後の更正の請求又は修正申告にて適正値に評価をし直すこともあります。

このような場合において、後日、税務当局と争いになったときは、納税者側に立証責任が分担される可能性が高いです。具体的には、期限内申告で配偶者名義の財産（俗にいう名義財産）を5,000万円として評価して申告した後、揃った資料等で名義財産の精査をしたところ3,000万円の評価となったため更正の請求をしたような場合が考えられます。

仮に3,000万円とする更正の請求をする前に期限内申告の5,000万円の状況で税務当局と争いに発展したときは、この5,000万円が正しいかどうかを立証するのは税務当局となります。しかし、3,000万円の更正の請求をした場合に税務当局と争いになったときは、その3,000万円の確からしさを立証する責任は納税者に移ってしまうのです。

したがって、税務当局と見解が分かれるような論点がある場合には、後日税務当局と争いに発展した場合も考慮しつつ期限内申告書を作成すべきです。

(3) 加算税、延滞税が賦課される場合

未分割での申告の後、遺産分割協議が調って修正申告をした場合には、通常、加算税や延滞税は賦課されません（通法65④、66①、相法51②一）。

しかし、本問のような場合において、期限内申告書に計上されていなかった財産が新たに出てきたときや、期限内申告書から評価が増額した財産があるときは、そのような理由により相続財産の課税価格が増加した部分の相続税に係る附帯税は賦課されることになります。

(4) 評価額に変更があった場合

未分割申告後に概算申告した各財産の評価額に変更があった場合において、申告期限から5年を経過したときは、相続税法第32条を根拠とする更正の請求はできませんので注意が必要です。詳しくは、213頁の**Q13**を参照してください。

第1編
未分割の場合の相続税実務

戦略的未分割案件である未分割申告の特徴と留意点

Q 相続人の中に未成年者がおり、特別代理人を選任しようかと考えていますが、特別代理人を選任するためには、その未成年者にも相当の遺産を取得させる必要があると聞いたことがあります。このような場合に何かよい方法はありますか。

A ご質問の通り、共同相続人の中に未成年者がいる場合において、特別代理人を選任するときは、未成年者に対して法定相続分相当の遺産を取得させる遺産分割協議をしなければならないことがあります。このような場合には、未成年者が成人になるのを待ってから遺産分割協議をするという方法が考えられます。もし未成年者が成人になる前に相続税の申告期限が到来してしまった場合には、未分割での申告をすることになります。

解説

(1) 未成年者がいる場合の遺産分割協議

未成年者が法律行為をするときはその法定代理人（親権者）の同意を得る必要があります（民5①）。したがって、未成年者単独で遺産分割協議をすることはできません。

また、共同相続人の中に法定代理人である親権者がいる場合には未成年者と法定代理人で利益相反してしまうため、特別代理人を家庭裁判所にて選任する必要があります。

なお、特別代理人の選任申立ての際に遺産分割協議案を家庭裁判所に提出することになりますが、未成年者に不利な遺産分割協議案（未成年者の取得が法定相続分未満など）の場合には、その特別代理人の選任が認められないことが

あります。

(2) 成人になってから遺産分割協議をする

　上記（1）記載の通り、未成年者が共同相続人にいる場合にはその未成年者に法定相続分相当の財産を取得させなければなりませんが、未成年者である子に何千万円、何億円もの財産を所有させるのは問題があると考える親権者も実務上は多いです。このような場合に、未成年者が成人になるのを待って遺産分割協議をする方法が考えられます。この際に、未成年者が成人になる前に相続税申告期限が到来してしまった場合には、未分割で一度相続税申告をする必要があります。

　なお、この戦略的な未分割申告を使えるケースは、その未成年者の年齢が20歳（令和4年4月1日以降は18歳に引き下げ）に近い場合に限られます。すなわち、未成年者の年齢が成人になるまで3年以上ある場合には、「遺産が未分割であることについてやむを得ない事由がある旨の承認申請書」を税務署に提出する必要があり、「共同相続人の中に未成年者がいる」という理由だけでは承認されない可能性が高いためです。

(3) 数次相続案件のケース

　上記のほか、数次相続案件で、相続開始年が異なるような案件においても、戦略的に未分割申告とするケースがあります。詳しくは**Q13解説（3）**を参照してください。

第1編
未分割の場合の相続税実務

未分割申告案件の一連の流れ

Q 未分割申告案件の税実務の一連の流れを教えてください。

A 期限内分割申告案件は、通常、受任してから半年程度（長くても申告期限である10か月）で案件が完了しますが、未分割申告案件は、相続税の申告期限後もフォローする必要があり、長期化する可能性が高いです。解説に一連の流れをまとめたので参照してください。

解　説

(1) 被相続人の所得税の準確定申告

　相続案件を受任した場合に、税金手続きで一番はじめに訪れる手続きが"被相続人の所得税の準確定申告"です。その相続の開始があったことを知った日の翌日から4か月を経過した日の前日までに準確定申告書を提出することになります（所法124、125）。未分割申告案件の場合には、準確定申告書に係る納付又は還付も負担者又は取得者が決まっていないと思いますので、法定相続分等にて申告することになります。

　また、国外転出時課税制度の適用対象となる案件については、この準確定申告書の手続きが煩雑になるので、早い段階で適用対象になるかどうかの確認が必須となります。

　この制度の詳細については、**第4編第2章**で解説します。

【未分割申告案件の一連の流れ】

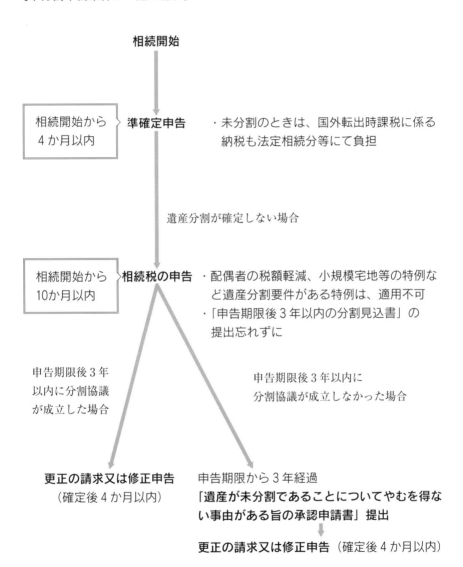

（2）未分割による相続税申告

　相続税の申告期限までに遺産分割がまとまらない場合には、民法に規定する相続分で相続したものとして相続税申告を行います（相法55）。この場合には、配偶者の税額軽減や小規模宅地等の特例などの、分割要件が定められている特例の適用はできないので注意が必要です（相法19の2②、措法69の4④）。

　なお、上記特例等を遺産分割確定後に適用する場合には、「申告期限後3年以内の分割見込書」を相続税申告書に添付する必要があります（相法19の2③、相規1の6③二、措法69の4⑦、措規23の2⑧六）。

（3）申告期限後3年以内に分割協議等が成立した場合

　相続税の申告期限後3年以内に遺産分割協議等が成立した場合において、当初申告と相続税額が異なるときは、更正の請求又は修正申告をすることができます（相法31①、32①）。

　なお、この場合の更正の請求には期限が設けられていて、遺産分割等確定の事由が生じたことを知った日の翌日から4か月以内にしなければなりません。

（4）申告期限後3年以内に分割協議等が成立しなかった場合

　相続税の申告期限後3年以内に遺産分割協議等が成立しなかった場合において、成立しなかったことにつきやむを得ない事情があるときは、「遺産が未分割であることについてやむを得ない事由がある旨の承認申請書」を税務署長に提出し、税務署長の承認を受けた場合に限り、配偶者の税額軽減や小規模宅地等の特例の適用が可能となります。この承認申請書の提出期限は、申告期限後3年を経過する日の翌日から2か月を経過する日となります（相令4の2）。

　やむを得ない事情の詳細については、**第1編 Q21**を参照してください。

7 未分割の場合の相続税の取扱い

Q 被相続人である父が亡くなり、相続人は母、長男、二男の3人です。遺言書はなく、長男と二男の意向が合わずに相続税の申告期限までに遺産分割協議が完了しそうにありません。このような場合は相続税はどのように計算すればよいでしょうか。

A 相続税の申告は、遺産分割が確定していない場合でも申告期限までに申告及び納付をする必要があります。その後遺産分割が確定したときに更正の請求又は修正申告をすることになります。

解 説

(1) 未分割申告の考え方

　相続又は包括遺贈により取得した財産に係る相続税について申告書を提出する場合等において、その取得した財産の全部又は一部が共同相続人又は包括受遺者によってまだ分割されていないときは、その分割されていない財産については、民法（第904条の2（寄与分）を除く）の規定による相続分又は包括遺贈の割合に従ってその財産を取得したものとして相続税の計算をします（相法55）。

　なぜ未分割での申告が必要になるかというと、仮に遺産が分割されていない限り相続税の課税ができないとすると、遺産分割を恣意的に遅延して相続税の課税を遅らせることができるようになり、早期に分割した者とそうでない者との間で相続税負担についての不公平が生じるためです。

　なお、未分割申告の場合には、配偶者の税額軽減や小規模宅地等の特例など各種特例の適用ができません。各種特例の詳細については**第1編Q15**で解説します。

21

（2）民法上の相続分とは

　上記（1）の「民法（第904条の2（寄与分）を除く）の規定による相続分」とは、民法第900条（法定相続分）、第901条（代襲相続分）、第902条（遺言による指定相続分）、第903条（特別受益の相続分）の相続分を指します（相基通55－1）。寄与分が除かれている理由としては、遺産が未分割である状況で具体的に寄与分が判明しているケースはほぼ考えられないということからです。

（3）債務及び葬式費用の取り扱い

　債務については、その者の負担に属する金額が確定していないときは、民法第900条（法定相続分）から第902条（遺言による指定相続分）までの規定による相続分又は包括遺贈の割合に応じて負担したものとして計算します（相基通13－3）。

　葬式費用については、本来的な被相続人の債務ではありませんが、上記債務と同様、相続税計算上は、民法第900条（法定相続分）から第902条（遺言による指定相続分）までの規定による相続分又は包括遺贈の割合に応じて負担したものとして計算します。

（4）納税資金の問題

　遺産分割が確定していないことにより問題となるのが、納税資金の確保です。相続人の固有財産で納税資金を確保できれば問題にはなりませんが、実務上は相続財産を原資として納税することが一般的です。納税資金は相続財産である預金で支払うことが多いかと思いますが、“未分割”ということは預金の遺産分割も確定していないことになり、それはつまり凍結された預金の口座から納税資金を引き出すことができないということです。

　ただし、預金については可分債権であり、遺産分割協議を待つまでもなく相

続開始とともに当然に分割され各相続人に法定相続分に応じて帰属する、という判例が存在しました（最高裁昭和29年4月8日第一小法廷判決）。

　したがって、実務において、未分割申告をしなければならないような状況のときは、金融機関に事情を説明し、当該判例を根拠に遺産分割前に相続財産である預金を払い出して納税資金に充てることが可能なケースもありました。

　しかし、平成28年12月19日に上記昭和29年の最高裁判例を覆す最高裁の決定がなされました。当該決定で「共同相続された普通預金債権、通常貯金債権及び定期貯金債権は、いずれも、相続開始と同時に当然に相続分に応じて分割されることはなく、遺産分割の対象となるものと解するのが相当」と判断されました。すなわち、預金も遺産分割の対象となり、遺産分割が終了するまでの間は、被相続人の預金の払戻しができないこととなります。

　このような事態になると生活費や葬式費用の支払、債務の弁済などの資金需要がある場合にも対応できないため、相続法改正により、遺産分割前の預金の払戻し制度が創設され、令和元年7月1日より施行されました（民909の2）。

　払戻しができる金額は、遺産に属する預貯金債権のうち、その相続開始時の債権額の3分の1に、当該払戻しを求める共同相続人の法定相続分を乗じた額を原則とします。また、同一の金融機関において払戻しが可能となる上限額も150万円とされています（民法第909条の2に規定する法務省令で定める額を定める省令（平成30年法務省令第29号））。

　なお、上記の払戻し制度や相続人の固有財産によっても相続税の納税資金を用意できないケースについては、共同相続人の同意により遺産の一部分割をして被相続人の預貯金の一定額を払い戻すか、家事事件手続法第200条第3項による家庭裁判所の判断を経て預貯金の仮払いを得る方法のいずれかによるものとされるでしょう。

8 みなし相続財産がある場合の 未分割申告

第1編
未分割の場合の相続税実務

Q 被相続人である母を契約者及び被保険者とする保険契約があり、母が亡くなったことにより保険金2,000万円がその受取人である長男に支払われました。相続人は長男と二男の2人だけで、保険金以外の財産は不動産や預金などが1億円ありますが、相続税の申告期限まで遺産分割が確定しないため未分割での申告となりそうです。2,000万円の保険金を含めて法定相続分で相続したものとして未分割の申告をすればよいのでしょうか?

A 保険金2,000万円はみなし相続財産であり、遺産分割の対象となる本来の相続財産ではありません。したがって、保険金2,000万円については受取人である長男が取得したものとして計算し、法定相続分で計算するのは本来の相続財産である1億円のみとなります。

解 説

(1) みなし相続財産

　みなし相続財産とは、受取人固有の財産であり、遺産分割の対象となる本来の相続財産ではないですが、相続を起因として支払われるという部分では本来の相続財産と実質的に変わらないため、相続税計算上は、相続財産とみなして相続税を課税することとなっています。

　相続税法上の主なみなし相続財産は、具体的には下記の通りです（相法3①）。

●死亡保険金

●死亡退職金

●生命保険契約に関する権利

●定期金に関する権利

なお、死亡保険金と死亡退職金については、下記の非課税枠が設けられています（相法12）。

$$500万円 × 法定相続人の数 × \frac{その相続人が受け取った生命保険金の金額}{すべての相続人が受け取った生命保険金の合計額}$$

（2）みなし相続財産がある場合の未分割申告

未分割申告をする場合において、みなし相続財産があるときは、その財産の価額は、その者の民法に規定する相続分又は包括遺贈の割合に応ずる本来の相続財産価額に加算して課税価格を計算します（相基通55-2）。

質問の例だと、長男、二男の未分割申告の課税価格は下記の通りとなります。

相続人	法定相続分	本来の相続財産	①民法上の相続分に応じた価額	②みなし相続財産（生命保険金）	③生命保険金の非課税枠	課税価格（①＋②－③）
長男	$\frac{1}{2}$	1億円	5,000万円	2,000万円	1,000万円	6,000万円
二男	$\frac{1}{2}$		5,000万円	-	-	5,000万円

なお、生命保険金や死亡退職金の非課税枠については、未分割申告においても控除することができます。

ちなみに、未分割の論点ではありませんが、相続放棄をしても死亡保険金や死亡退職金を受け取ることができますが、非課税枠は使えなくなりますので注意が必要です（相基通12-8）。

第1編
未分割の場合の相続税実務

9 生前贈与がある場合の未分割申告

Q 被相続人である父は、1億円の財産を遺して令和3年8月2日に亡くなりました。相続人は母、長男、長女の3人です。父は亡くなる前に相続人に対して下記の贈与をしています。

受贈者	受贈日	贈与方法	贈与財産	贈与時の時価	相続開始時の時価
母	H18.3.1	贈与税の配偶者控除	自宅不動産	2,000万円	2,500万円
長男	H20.12.10	相続時精算課税	非上場株式	2,500万円	3,000万円
二男	R2.5.2	暦年贈与	現金	100万円	100万円

この状況で申告期限までに遺産分割が調わなかったときの未分割申告の方法を教えてください。

A 生前贈与は、民法上特別受益として遺産に持戻しして相続分を計算します。なお、婚姻期間が20年以上の夫婦間でされた居住用不動産の贈与等については、原則として持戻し免除の意思表示があったものとされます（民903④）。未分割申告における相続分もこの特別受益を加味して算定する必要があります。また、相続税計算上、一定の生前贈与については相続税の課税価格に含めて相続税の計算をします。

解　説

（1）未分割申告時の具体的計算例

① 民法上の相続分

●特別受益の額

3,000万円（長男）＋100万円（二男）＝3,100万円

※　母に対する居住用不動産の生前贈与については特別受益の額には含めません。

●民法上のみなし相続財産

1億円（未分割財産）＋3,100万円（特別受益）＝1億3,100万円

●各相続人の具体的な相続分

	① 相続 財産	② 生前贈与	③ （①＋②） 相続財産 合計	④ 法定 相続分	⑤ 特別 受益額	⑥ （③×④−⑤） 具体的な 相続分
母		-		$\frac{1}{2}$	-	6,550万円
長男	1億円	3,000万円	1億3,100 万円	$\frac{1}{4}$	3,000万円	275万円
二男		100万円		$\frac{1}{4}$	100万円	3,175万円
合　計						1億円

② 相続税の課税価格

	具体的な相続分	相続税上の持戻し	各相続人の 課税価格
母	6,550万円	-	6,550万円
長男	275万円	2,500万円	2,775万円
二男	3,175万円	100万円	3,275万円
合　計	1億円	2,600万円	1億2,600万円

※　相続税上の持戻しは、贈与時の時価によります。

第1編
未分割の場合の相続税実務

※　贈与税の配偶者控除の適用を受けた生前贈与については、持戻
し が不要です（下記（3）①参照）。

③ 相続税の総額

1億2,600万円 − （3,000万円 + 600万円 × 3人）（基礎控除）= 7,800万円

● 母　$7,800万円 × \frac{1}{2} × 20\% − 200万円 = 580万円$

● 長男、二男　$7,800万円 × \frac{1}{4} × 15\% − 50万円 = 242.5万円$

$242.5万円 × 2人 = 485万円$

●相続税の総額　580万円 + 485万円 = 1,065万円

④ 各相続人の相続税額

	① 相続税の総額	② 各相続人の 課税価格	③ 課税価格の合計	$\left(① × \dfrac{②}{③}\right)$ 各相続人の 相続税額
母	1,065万円	6,550万円	1億2,600万円	554万円
長男		2,775万円		234万円
二男		3,275万円		277万円
合　計				1,065万円

（2）民法上の特別受益の扱い

① 特別受益の意義

　特別受益とは、相続人のなかに被相続人から遺贈や一定の贈与を受けた者がいる場合のその遺贈や贈与により受けた利益のことをいいます。

　特別受益がある場合の相続分は、相続開始時に有していた財産の価額に特別受益に該当する贈与の価額を加えたものを相続財産とみなし（民法上のみなし相続財産）、それに法定相続分を乗じ、その金額から特別受益の財産の価額を控除して算定します（民903①）。この相続財産に特別受益である贈与財産を加算することを「特別受益の持戻し」といいます。

なお、この際に持戻す価額は、相続税の計算とは異なり、贈与時の時価ではなく相続開始時の時価で持戻します。

　また、相続税計算上は相続開始前3年以内の贈与財産しか原則として相続財産に加算しませんが、この民法上の特別受益の持戻しについては、3年間の縛りはありません。

　ちなみに、遺贈についても特別受益に該当しますが、遺贈財産は相続開始時の遺産に含まれているため、持戻す必要はありません。

② 特別受益の範囲

　特別受益は、民法第903条第1項にて「遺贈を受け、又は婚姻若しくは養子縁組のため若しくは生計の資本として贈与」と規定されています。

▷**遺贈**

　遺贈については、その目的に関係なくすべて特別受益に該当します。

▷**生前贈与**

　婚姻、養子縁組のための贈与に該当するものとしては、結納金、嫁入り道具、支度金などを指し、金額が僅少である場合や扶養義務の範囲にとどまる場合を除き、基本的に特別受益に該当します。

　生計の資本としての贈与は広範囲にわたりますが、一般的なものとしては、子の事業資金の援助、居住用不動産の贈与、高等教育のための学資の援助などが想定されます。この生計の資本としての贈与が特別受益に該当するかどうかについては、画一的な判断が難しく、個別事例により異なります。

③ 特別受益者の範囲

　特別受益者は、原則としてその贈与等があったときにおける推定相続人に限られます。では、次のような人は特別受益者となるのでしょうか。

▷**代襲相続人**

　贈与等のタイミングによって、特別受益者になるかどうかが決まります。

　代襲原因発生前の贈与等：原則として特別受益者に該当しない

代襲原因発生後の贈与等：特別受益者に該当

▷**相続人の配偶者や子**

　相続人本人ではなくその配偶者や子に贈与等をした場合には、原則としてその贈与等を受けた者は特別受益者にはなりません。しかし、その贈与等が相続人に対する贈与と異ならないと認められる特段の事情がある場合には、その相続人に対する特別受益に該当する可能性もあります。

④ 配偶者に対する居住用不動産の贈与

　平成30年の相続法改正により、婚姻期間が20年以上の夫婦間における居住用不動産の贈与については、持戻し免除の意思表示があったものと推定することとされました（民903④）。

　すなわち、配偶者に対する一定の居住用不動産の生前贈与については、遺産への持戻しは行わず、配偶者の取得分が増えることとなりました。

　これにより、配偶者の死亡により残された他方の配偶者の生活に配慮することができるようになりました。

　当該規定は、令和元年7月1日から施行されています。

　贈与税の配偶者控除との異同点は、（3）をご参照ください。

（3）相続税法上の生前贈与とは

① 暦年贈与

　相続開始前3年以内の贈与については、相続税計算上相続財産に加算する必要があります。なお、その贈与について贈与税がかかっていた場合には、その贈与税額のうち一定の金額を相続税額から控除することができます（相法19①、相令4①）。

　この3年以内贈与加算についての実務上の留意点は下記の通りです。

▷**3年以内の贈与に限定**

　上記（1）の特別受益と異なり、相続税計算上は相続開始前3年間の贈与に

限り相続財産に加算します。

▷相続又は遺贈により財産を取得した者に限定

　加算の対象となる贈与は、相続又は遺贈により財産を取得した者に限られます。すなわち、相続人であっても相続又は遺贈により財産を取得していなければ、その贈与は相続財産に加算する必要がないのです。

　もちろん相続人以外の者が贈与を受けて、被相続人から遺贈を受けなければ相続財産に加算する必要はありません。

▷110万円以下の贈与でも加算の対象

　この規定は、相続開始前3年以内の贈与はすべて加算の対象となりますので、その贈与に贈与税がかかっていたかどうかは問いません。したがって、基礎控除額110万円以下の贈与についても加算することになります。

▷特例贈与は加算の対象外

　次に掲げる贈与については、相続開始前3年以内の贈与であっても相続財産に加算する必要はありません。

- ●贈与税の配偶者控除の特例を受けている又は受けようとする財産のうち、その配偶者控除額に相当する金額
- ●直系尊属から贈与を受けた住宅取得等資金のうち、非課税の適用を受けた金額
- ●直系尊属から一括贈与を受けた教育資金のうち、非課税の適用を受けた金額（非課税拠出額から教育資金支出額を控除した一定の残額については加算対象）
- ●直系尊属から一括贈与を受けた結婚・子育て資金のうち、非課税の適用を受けた金額（非課税拠出額から結婚・子育て資金支出額を控除した残額については加算対象）

　なお、特別受益の持戻し免除の意思表示（民903④）と贈与税の配偶者控除（相法21の6）の異同点は下記の通りです。

	特別受益の持戻し免除の意思表示	贈与税の配偶者控除
対象財産	居住用不動産のみ	居住用不動産 居住用不動産の購入資金
取引形態	贈与と遺贈	贈与のみ
上限金額	なし	2,110万円まで非課税
婚姻期間	20年以上	20年以上
内縁の 配偶者	不可	不可
手続き	不動産登記	贈与税申告 不動産登記
居住要件	贈与時又は遺贈時に居住していること ただし、近い将来居住する予定であれば認められる可能性もあり	贈与を受けた年の翌年3月15日までに、居住用不動産に住んでいること

② 相続時精算課税制度

　相続時精算課税制度は、60歳以上の父母、祖父母から20歳（成年年齢改正以降は18歳）以上の推定相続人である子又は孫に対し、財産を贈与した場合において、特別控除額2,500万円までは贈与税がかからずに贈与が可能な税制上の制度の一つです。

　「相続時精算課税」と制度の名前にもあるように、この制度を利用した場合には、その贈与財産の価額のすべてを相続財産の価額に加算して相続税を計算します（相法21の9～21の16、措法70の2の6）。

　上記①の暦年贈与との異同点は下記の通りです。

	暦年課税	相続時精算課税
贈与者	制限なし	60歳以上の 父母又は祖父母
受贈者	制限なし ※　20歳（成年年齢改正以降 は18歳）以上の直系卑属の 場合には特例税率あり	20歳（成年年齢改正以降は 18歳）以上の推定相続人で ある子又は孫
非課税枠	年間110万円	2,500万円
税率	10%〜55%	20%
相続財産への加算	相続等により財産を取得した者が、相続開始前3年以内に贈与を受けた場合に相続財産に加算	すべての贈与について 相続財産に加算
持戻しの価額	贈与時の時価	
贈与税額控除	相続税額を限度	相続税額を超えた場合には 還付
特　　徴	・手続きが簡易ですぐにでもできる ・相続開始3年超前の贈与は持戻す必要がないため節税効果が高い ・非課税枠が少額のため短期間で多額の贈与には向かない ・適正に贈与を実行しないと相続時に名義財産として否認される可能性がある	・暦年贈与に比べ短期間に多額の財産を移転できる ・収入を生む財産や値上りする財産の贈与は、相続税の節税になる ・一度選択したら暦年贈与に戻れない ・相続時にすべて精算するため相続財産を減らす効果はない

第**1**編
未分割の場合の相続税実務

(4) 贈与税申告の開示請求

① 制度の概要

　相続又は遺贈により財産を取得した者は、相続税の申告書等作成上必要となる場合において、その者以外の他の共同相続人等が被相続人から相続開始前3年以内の贈与や精算課税制度による贈与を受けているときは、その贈与税申告書に記載された贈与税の課税価格の合計額について、被相続人の死亡の時における住所地の所轄税務署長にその開示の請求をすることができます（相法49①）。

　通常の相続税申告案件であれば、相続人間でコミュニケーションが取れているため、実務上この開示請求をすることはあまりありませんが、未分割案件については、相続人間で争っている場合が多く、お互いに被相続人からどのような贈与を受けたかがヴェールに包まれているケースが多いため、この開示請求が実施されることが多々あります。

　なお、この開示請求制度で請求できる内容は、相続税申告書を作成する上で必要な情報である下記内容に限られるので、注意が必要です。

　●相続開始前3年以内の贈与により取得した財産
　●相続時精算課税贈与により取得した財産

　また、上記開示請求を受けた税務署長は、当該請求後2月以内に請求内容の開示をしなければなりません（相法49②）。

② 開示請求の方法

　上記①の開示請求をする者は、次ページ以降の開示請求書等に必要事項を記載し、必要資料を添付した上で被相続人の住所地の所轄税務署長に提出しなければなりません（相令27①）。

相続税法第49条第1項の規定に基づく開示請求書

令和　　年　　月　　日

＿＿＿＿＿＿税務署長

【代理人記入欄】	開示請求者	住所又は居所 （所在地）	〒	
住所		連絡先	※連絡先は日中連絡の可能な番号（携帯電話等）を記入してください TEL（　　　－　　　－　　　）	
		フリガナ		
氏名		氏名又は名称		
		個人番号		
連絡先		生年月日		被相続人との続柄

（規 税署受付印）

　私は、相続税法第49条第1項の規定に基づき、下記1の開示対象者が平成15年1月1日以後に下記2の被相続人から贈与により取得した財産で、当該相続の開始前3年以内に取得したもの又は同法第21条の9第3項の規定を受けたものに係る贈与税の課税価格の合計額について開示の請求をします。

1　開示対象者に関する事項

住所又は居所 （所在地）			
過去の住所等			
フリガナ			
氏名又は名称 （旧姓）			
生年月日			
被相続人との続柄			

2　被相続人に関する事項

住所又は居所	
過去の住所等	
フリガナ	
氏　　名	
生年月日	
相続開始年月日	平成・令和　　年　　月　　日

3　承継された者（相続時精算課税選択届出者）に関する事項

住所又は居所	
フリガナ	
氏　名	
生年月日	
相続開始年月日	平成・令和　　年　　月　　日
精算課税適用者である旨の記載	上記の者は、相続時精算課税選択届出書を＿＿＿＿＿署へ提出しています。

4　開示の請求をする理由（該当する□に✓印を記入してください。）

相続税の　□ 期限内申告　□ 期限後申告　□ 修正申告　□ 更正の請求　に必要なため

5　遺産分割に関する事項（該当する□に✓印を記入してください。）

- □ 相続財産の全部について分割済（遺産分割協議書又は遺言書の写しを添付してください。）
- □ 相続財産の一部について分割済（遺産分割協議書又は遺言書の写しを添付してください。）
- □ 相続財産の全部について未分割

6　添付書類等（添付した書類又は該当項目の全ての□に✓印を記入してください。）

- □ 遺産分割協議書の写し　□ 戸籍の謄（抄）本　□ 遺言書の写し　□ 住民票の写し
- □ その他（　　　　　　　　　　　　　　　　　　　　　　　　　　　　　　　　　　　　）
- □ 私は、相続時精算課税選択届出書を＿＿＿＿＿＿署へ提出しています。

7　開示書の受領方法（希望される□に✓印を記入してください。）

- □ 直接受領（交付時に請求者又は代理人であることを確認するものが必要となります。）　□ 送付受領（請求時に返信用切手、封筒及び住民票の写し等が必要となります。）

※　税務署整理欄（記入しないでください。）

番号確認	身元確認	確認書類			
	□ 済 □ 未済	個人番号カード ／ 通知カード・運転免許証 その他（　　　　　　　　　）		確認者	
委任の確認	開示請求者への確認	（　　・　　・　　）			
	委任状の有無	□ 有　□ 無（　　　　　）			

（資4－90－1－A4統一）　（令3.6）

出典：国税庁ホームページ

第1編
未分割の場合の相続税実務

書 き か た 等 （開 示 請 求 書）

1 「開示請求者」欄には、開示請求者の住所又は居所（所在地）、フリガナ・氏名（名称）、個人番号、生年月日及び被相続人との続柄（長男、長女等）を記入してください。

　なお、相続税法第21条の17又は第21条の18の規定により相続時精算課税適用者から納税に係る権利又は利又は義務を承継したことにより開示の請求を行った場合において、その承継する者が2名以上いるときは、本開示請求書を連名で提出しなければなりません。この場合は、開示請求者の代表者の方を本開示請求書の「開示請求者」欄に記入し、他の開示請求者の方は開示請求書付表（「相続税法第49条第1項の規定に基づく開示請求書付表」）の【開示請求者】（開示請求者が2人以上の場合に記入してください。）」欄に記入してください（開示書は代表者に交付することになります。）。

2 「1 開示対象者に関する事項」欄には、贈与税の課税価格の開示を求める方（開示対象者）の住所又は居所（所在地）、過去の住所等、フリガナ・氏名又は名称（氏名については旧姓も記入してください。）、生年月日及び被相続人との続柄（長男、長女等）を記入してください。

　なお、開示対象者が5名以上いる場合は、5人目以降を開示請求書付表の「1 開示対象者に関する事項（開示対象者が5人以上いる場合に記入してください。）」欄に記入してください。

　（注）「1 開示対象者に関する事項」欄には、相続又は遺贈（被相続人から取得した財産で相続税法第21条の9第3項の規定の適用を受けるものに係る贈与を含みます。）により財産を取得した全ての方を記入してください（開示請求者を除きます。）。

3 「2 被相続人に関する事項」欄には、被相続人の住所又は居所、過去の住所等、フリガナ・氏名、生年月日及び相続開始年月日（死亡年月日）を記入してください。

4 「3 承継された者（相続時精算課税選択届出者）に関する事項」欄には、相続税法第21条の17又は第21条の18の規定により納税に係る権利又は義務を承継された者の死亡時の住所又は居所、フリガナ・氏名、生年月日、相続開始年月日（死亡年月日）及び「精算課税適用者である旨の記載」欄に相続時精算課税選択届出書を提出した税務署名を記入してください。

5 「4 開示の請求をする理由」欄及び「5 遺産分割に関する事項」欄は、該当する□にレ印を記入してください。

6 「6 添付書類等」欄には、添付している書類の□にレ印を記入してください。

　なお、添付書類は、開示請求者及び開示対象者が相続等により財産を取得したことを証する書類として、下記のものを提出してください。

　(1) 全部分割の場合：遺産分割協議書の写し

　(2) 遺言書がある場合：開示請求者及び開示対象者に関する遺言書の写し

　(3) 上記以外の場合：開示請求者及び開示対象者に係る戸籍の謄（抄）本

　開示請求者が被相続人を特定贈与者とする相続時精算課税適用者である場合には、「私は、相続時精算課税選択届出書を＿＿＿＿署へ提出しています。」の前の□にレ印を記入するとともに相続時精算課税選択届出書を提出した税務署名を記入してください。

　開示請求者が承継した者である場合には、承継した者全員の戸籍の謄（抄）本も提出してください。

7 「7 開示書の受領方法」欄には、希望される受領方法の□にレ印を記入してください。

　なお、「直接受領」の場合は、受領時に開示請求者本人又は代理人本人であることを確認するもの（運転免許証など）が必要となります（代理人が「直接受領」をする場合は、開示請求者の委任状も必要となります。）。

　「送付受領」の場合には、開示請求時に返信用切手、封筒及び住民票の写し等の住所を確認できるものを提出してください。

　（注）「送付受領」の場合の送付先は、開示請求者本人の住所となります。

8 この請求書の控えを保管する場合においては、その控えには個人番号を記載しない（複写により控えを保管する場合は、個人番号が複写されない措置を講ずる）など、個人番号の取扱いには十分ご注意ください。

相続税法第49条第1項の規定に基づく開示請求書付表

		開示請求者(代表者)の氏名	

1 開示対象者に関する事項 (開示対象者が5人以上いる場合に記入してください。)

住所又は居所 (所在地)			
過去の住所等			
フ リ ガ ナ			
氏名又は名称 (旧 姓)			
生 年 月 日			
被相続人との続柄			
住所又は居所 (所在地)			
過去の住所等			
フ リ ガ ナ			
氏名又は名称 (旧 姓)			
生 年 月 日			
被相続人との続柄			

【開示請求者】 (開示請求者が2人以上の場合に記入してください。)

	1	2
住 所 又 は 居 所	〒　　　TEL(　-　-　)	〒　　　TEL(　-　-　)
フ リ ガ ナ		
氏　　　名		
個 人 番 号		
生 年 月 日		
被相続人との続柄		

	3	4
住 所 又 は 居 所	〒　　　TEL(　-　-　)	〒　　　TEL(　-　-　)
フ リ ガ ナ		
氏　　　名		
個 人 番 号		
生 年 月 日		
被相続人との続柄		

※ 税務署整理欄 (記入しないでください。)

	1				2	
番号確認	身元確認	確認書類		番号確認	身元確認	確認書類
	□ 済 □ 未済	個人番号カード / 通知カード・運転免許証 その 他 (　　　　　)			□ 済 □ 未済	個人番号カード / 通知カード・運転免許証 その 他 (　　　　　)

	3				4	
番号確認	身元確認	確認書類		番号確認	身元確認	確認書類
	□ 済 □ 未済	個人番号カード / 通知カード・運転免許証 その 他 (　　　　　)			□ 済 □ 未済	個人番号カード / 通知カード・運転免許証 その 他 (　　　　　)

(資4-90-2-A4統一)　(令3.3)

出典:国税庁ホームページ

第**1**編
未分割の場合の相続税実務

書　き　か　た　等

1　「開示請求者（代表者）の氏名」欄には、開示請求書の「開示請求者」欄に記載している方の氏名を記入してください。

2　「1 開示対象者に関する事項（開示対象者が5人以上いる場合に記入してください。）」欄には、5人目以降の開示対象者の住所又は居所（所在地）、過去の住所等、フリガナ・氏名又は名称（氏名については旧姓も記入してください。）、生年月日及び被相続人との続柄（長男、長女等）を記入してください。

3　「【開示請求者】」欄には、開示請求者（開示請求書の「開示請求者」欄に記載している方以外の方）の住所又は居所、フリガナ・氏名、個人番号、生年月日及び被相続人との続柄（長男、長女等）を記入してください。

4　この請求書付表の控えを保管する場合においては、その控えには個人番号を記載しない（複写により控えを保管する場合は、個人番号が複写されない措置を講ずる）など、個人番号の取扱いには十分ご注意ください。

委　任　状

（代理人）住　所　_____

　　　　　氏　名　_____

私は、上記の者を代理人と定め、下記の事項を委任します。

記

1　相続税法第 49 条第 1 項の規定に基づく贈与税の申告内容の開示の請求に関する権限

2　相続税法第 49 条第 1 項の規定に基づく贈与税の申告内容の開示の請求に対する開示
　書の受領に関する権限

令和　　　年　　　月　　　日

　（委任者）住　所　_____
　　　　　　（必ず、委任者の方が自署してください。）

　　　　　　氏　名　_____

出典：国税庁ホームページ

第**1**編
未分割の場合の相続税実務

10

相続放棄があった場合の未分割申告

Q 母が亡くなり（父は15年前に死亡）、相続人は長男、二男及び長女の3人
で、遺言はありませんでした。亡くなってから3か月以内に二男が相続
放棄をしました。なお、相続税の申告期限までに長男と長女で遺産分割協議は
調わない見込みです。この場合の相続税の期限内申告の計算方法を教えてくだ
さい。

【母の相続財産（みなし相続財産含む）】

生命保険金（受取人二男）：2,000万円

上記以外の財産（未分割）：1億円

A 相続放棄をした場合には、民法上、その者ははじめから相続人でなかっ
たものとみなします。これに対し相続税法上は、その放棄がなかったも
のとして各種計算を行います。また、未分割申告の場合においては、民法と相
続税法の放棄に係る規定の相違により相続税計算の各段階において相続分の捉
え方が異なりますので、注意が必要です。

解　説

（1）相続放棄とは

相続放棄とは被相続人の遺産の相続を相続人が放棄することをいい、自己の
ために相続の開始があったことを知った時から3か月以内に被相続人の最後の
住所を受け持つ家庭裁判所に申述しなければなりません（民915①、938）。

また、民法上、相続放棄をした者は、その相続に関しては、初めから相続人
とならなかったものとみなします（民939）。

（2）相続放棄と相続税計算

　相続放棄があった場合には、相続税計算上、その放棄がなかったものとして法定相続人の数をカウントします（相法15②）。相続放棄が相続税計算に影響する具体的な論点は下記の通りです。
　① 遺産に係る基礎控除（相法15）
　② 相続税の総額（相法16）
　③ 生命保険金等の非課税（相法12①五）
　④ 退職手当金等の非課税（相法12①六）

（3）相続放棄と生命保険金等及び退職手当金等

　生命保険金等及び退職手当金等は被相続人の遺産ではなくその受取人固有の財産であるため相続放棄をした場合でも受取ることが可能です。この生命保険金等及び退職手当金等（みなし相続財産）に対しても相続税は課税されます（相法3①一、二）。
　ただし、これらみなし相続財産に係る非課税（500万円×法定相続人の数）を適用できる者は相続人に限られるため、相続放棄をした者が受け取った生命保険金等及び退職手当金等については非課税枠が使えないため注意が必要です（相基通12－8）。

（4）相続放棄があった場合の未分割申告

　上記 **Q** の具体的な計算は下記の通りとなります。

第1編
未分割の場合の相続税実務

① 各相続人の相続分

長男　1億円 $\times \dfrac{1}{2}$ ＝5,000万円

長女　1億円 $\times \dfrac{1}{2}$ ＝5,000万円

二男　0円

② みなし相続財産

二男　2,000万円（死亡保険金）

※　非課税枠は適用不可（上記 **(3)** 参照）

③ 課税価格

①＋②＝1億2,000万円

④ 課税遺産総額

1億2,000万円－4,800万円（遺産に係る基礎控除）※＝7,200万円

※　相続放棄がなかったものとして基礎控除を計算（上記 **(2)** 参照）

⑤ 各相続人の相続税額

7,200万円 $\times \dfrac{1}{3}$※＝2,400万円

2,400万円×15％－50万円＝310万円

※　相続放棄がなかったものとして法定相続分を考える（上記 **(2)** 参照）

⑥ 相続税総額

310万円×3＝930万円

42

⑦ 各相続人の税額

●長男及び長女

$$930万円 \times \frac{5,000万円}{1億2,000万円} = 387.5万円$$

●二男

$$930万円 \times \frac{2,000万円}{1億2,000万円} = 155万円$$

※　未分割申告の場合、民法上の具体的相続分で按分

第1編
未分割の場合の相続税実務

11 相続財産の一部が未分割である場合の未分割申告

Q 被相続人である母の相続財産及び遺産分割の状況は下図の通りです。相続人は長男と二男の二人だけです。このような相続財産の一部のみが未分割の状況での相続税申告はどのようにすればよいのでしょうか。

相続財産	相続税評価額	取得者
不動産	1億5,000万円	未分割
同族株式	6,000万円	長男
預貯金	9,000万円	二男
合　計	3億円	

A 相続財産の一部が未分割である場合の具体的な計算方法は、相続税法等に規定されていません。論理上、積上方式又は穴埋方式により計算することが考えられますが、実務上は、過去の裁決事例等を鑑み穴埋方式により計算することとなります。

解　説

(1) 一部遺産分割

　遺産分割は、その遺産の全部を一度に分割することが一般的かつ合理的とされていますが、遺産が多岐にわたる場合、相続人が複数いる場合、遺産の一部の把握が困難な場合などの理由により遺産の一部のみを先んじて分割協議することも認められています（民907）。

　なお、相続税を計算する場合において、一部の遺産が未分割であるときは、積上方式と穴埋方式の二種類の方法が考えられます。実務上は、穴埋方式が合

理的と考えられています。

【一部遺産分割協議書　記載例】

一部遺産分割協議書

最後の本籍　　●●

最後の住所　　●●

　被相続人●●（令和●年●月●日死亡）の遺産については、同人の相続人全員において分割協議を行った結果、次のとおり遺産を分割し、取得することを合意した。

記

1 長男　●●株式会社の株式　●●株

2 二男　●●銀行●●支店　普通預金

　　　　●●信用金庫●●支店　定期預金

3 前項以外の遺産については、前項遺産とは別個独立に分割し、引き続き相続人間で協議を続行するものとする。

　令和●年●月●日

　　　　　　　住所　　●●

　　　　　　　相続人　●●

　　　　　　　住所　　●●

　　　　　　　相続人　●●

(2) 積上方式

　積上方式とは、相続財産の総額から既に分割された財産額を控除して、その控除後の未分割財産に法定相続分を単純に乗じて計算する方式となります。

① 　相続財産総額 − 一部分割財産の額 ＝ 未分割財産の額
② 　未分割財産の額 × 法定相続分 ＝ 未分割財産分配額
③ 　一部分割財産の額 ＋ 未分割財産分配額 ＝ 課税価格

　この方式は、一部分割財産を特別受益のように計算する穴埋方式に比べ相続税法第55条の規定の内容に忠実であることが特徴です。

【具体的計算】

相続人	① 相続財産総額	② 一部分割財産の額	③ (①−②) 未分割財産の額	④ 法定相続分	⑤ (③×④) 未分割財産配分額	⑥ (②+⑤) 課税価格
長男	3億円	6,000万円	1億5,000万円	$\frac{1}{2}$	7,500万円	1億3,500万円
二男		9,000万円			7,500万円	1億6,500万円
合　計						3億円

(3) 穴埋方式

　穴埋方式とは、一部分割財産を特別受益同様に考え、一部分割財産と未分割財産との合計額を分割対象財産とし、これに法定相続分を乗じて計算する方式となります。

① 一部分割財産の額＋未分割遺産の額＝相続財産総額

② 相続財産総額×法定相続分－一部分割財産の額＝未分割財産分配額

③ 一部分割財産の額＋未分割財産分配額＝課税価格

　積上方式では超過受益となった場合に調整ができないのに対し、この方式では相続人間の調整が可能であり、また、相続財産の総額に対して法定相続分を乗じるため、相続人間の公平が保てるという特徴があります。

【具体的計算】

相続人	① 相続財産総額	② 法定相続分	③ (①×②) 法定相続分の額	④ 一部分割財産の額	⑤ (③－④) 未分割財産配分額	⑥ (④＋⑤) 課税価格
長男	3億円	$\frac{1}{2}$	1億5,000万円	6,000万円	9,000万円	1億5,000万円
二男			1億5,000万円	9,000万円	6,000万円	1億5,000万円
合　計						3億円

【東京地方裁判所　平成17年11月4日判決(高裁棄却 H18.3.30)】(TAINS・Z255-10194)

　遺産の一部の分割がされ、残余が未分割である場合においては、遺産の一部の分割によって、遺産全体に対する各共同相続人の相続分の割合が変更されたものと解すべき理由はないから、各共同相続人は、未分割財産の分割に際しては、他の相続人に対し、遺産全体に対する自己の相続分に応じた価格相当分から既に分割を受けた遺産の価格を控除した価格相当分について、その権利を主張することができるものと解するのが相当である。そして、相続税法55条1項本文は、遺産の一部の分割がされ、残余が未分割である場合の課税価格の計算が、上記のような実体上の権利関係に従って行われるように規定されたものと解されるから、被告（課税庁）の主張するいわゆる「穴埋め説」による解釈が相当である。

第**1**編
未分割の場合の相続税実務

【東京国税不服審判所 平成27年6月3日裁決】（国税不服審判所ホームページ）

　　請求人らは、預貯金等の未分割財産（本件未分割財産）について、本件には請求人ら以外の相続人が本件未分割財産及びこれから発生する収益の全てを支配、独占しているなどの個別的事情があることから、相続税法（平成23年法律第82号による改正前のもの）第55条《未分割遺産に対する課税》に規定する課税価格の計算は、各共同相続人が未分割の財産に対する自己の相続分に応じた価額相当分を取得したものとして計算する方法、すなわち、積上方式によるべきである旨主張する。

　　しかしながら、相続財産の一部が分割された場合、そのことによって、相続財産全体に対する各共同相続人の法定相続分の割合が変更されることはないから、各共同相続人は、他の共同相続人に対し、相続財産全体に対する自己の相続分に応じた価額相当分から既に分割を受けた財産の価額を控除した価額相当分についてその権利を主張することができる。そうすると、相続税法第55条に規定する「民法（第904条の2を除く。）の規定による相続分の割合に従って当該財産を取得したものとしてその課税価格を計算する」とは、各共同相続人が相続財産全体に対する自己の相続分に応じた価額相当分から既に分割を受けた財産の価額を控除した残りの価額相当分を取得したものとして計算する方法、すなわち、穴埋方式により課税価格を計算すると解するのが相当である。

12 相続人が確定していない場合の未分割申告

Q 亡くなる直前に被相続人甲と養子縁組をしたＡと被相続人甲の実子乙との間で養子縁組無効の訴訟が係争中である場合の相続税申告について教えてください。もちろん乙とＡの間で遺産分割協議は完了していません。

A 養子縁組の有効性に争いがある場合の相続税申告は、その養子縁組につき争いが無いものとして計算します。相続税法第55条の相続分についても乙２分の１、Ａ２分の１として未分割申告を実施し、その後養子縁組の訴訟の決着がついた時に更正の請求又は修正申告をすることができます。

解　説

　相続税法第55条の相続分につき、相続人が訴訟等により確定していない場合には、その争いが無いものとした場合における相続分を基礎として課税価格の計算をすることになります。

　また、「遺産に係る基礎控除」や「相続税の総額」の計算においてもその争いがなかったものとして計算します（相基通11の２－４）。

　質問のケースでは、遺産に係る基礎控除は4,200万円（3,000万円＋600万円×2）、相続税の総額も法定相続人を二人と考えて計算します。

　その後、その訴訟に係る裁判の判決により相続人が確定したときに、相続税法第31条、第32条における修正申告又は更正の請求をすることができるものとされています。

49

第**1**編
未分割の場合の相続税実務

【福岡高等裁判所 平成14年5月16日判決】（TAINS・Z252-9122）

　　控訴人が上記申告をしたと認めることが可能となるものではなく、控訴人と訴
外丙の間で相続権の帰属につき争いがある場合には、相続税法55条に基づき法
定相続分に従って納税申告をし、後日、当該財産が確定した時に、実際に取得し
た財産の課税価格を基礎として、相続税の申告書の提出若しくは更正の請求をす
ることができるのであって、相続税の申告書を提出した者を、その表示に従って
判断すべきであると解したとしても控訴人にとって不当なものとはいえない。

13 数次相続の場合の相続税申告

Q 父が令和×1年1月15日に亡くなり、父の相続に係る遺産分割協議前の令和×1年2月10日に母が亡くなりました。相続人は長女と二女の2人です。このような数次相続の場合の留意点を教えてください。

A 数次相続における相続税申告は、税額控除、申告期限等に留意する必要があります。また、第1次相続に係る相続税申告を戦略的に未分割申告とすることにより納付税額を最小限に抑えることも考えられます。

なお、第2次相続に係る相続人が1人の場合には、第1次相続の遺産分割の可否につき検討が必要となります。

解 説

(1) 数次相続とは

第1次相続(質問における父の相続)の遺産分割が完了する前にその相続人の1人が亡くなってしまうこと(第2次相続(質問における母の相続))を数次相続といいますが、第1次相続に係る母の相続権はその相続人である長女と二女が承継します。すなわち、第1次相続における母が取得すべき財産は長女と二女で協議することになるのです。

既に亡くなっている相続人に第1次相続の相続財産を相続させることはできないのではないかと思われるかもしれませんが、第2次相続に係る相続人に第1次相続に係る相続人以外の者がいる場合(質問のケースで、母に父以外の男性との子が別にいるようなケース)には第2次相続に係る被相続人にどれくらいの財産を相続させるかは非常に重要になりますので、既に亡くなっている相続人であっても相続する権利は当然として発生します。

第**1**編
未分割の場合の相続税実務

　なお、相続実務においては、質問のような数次相続案件は、第1次相続と第2次相続の合計の相続税額が一番少なくなるような遺産分割割合を算出し、それに基づき遺産分割協議をすることが多くなります。

(2) 第1次相続の相続税申告上の留意点

① 税額控除

　数次相続における相続税額計算で注意すべき論点は、税額控除となります。

●配偶者に対する相続税額の軽減（相法19の2）

　数次相続案件においても配偶者に対する相続税額の軽減は適用可能となります（相基通19の2−5）。詳細な解説は、**第1編 Q16**を参照してください。

●未成年者控除（相法19の3）、障害者控除（相法19の4）

　第1次相続において未成年者控除や障害者控除を受けた者が、第2次相続でこれらの控除を受けることができる金額は、第1次相続で控除を受けた金額が第2次相続で控除できる金額に満たなかった場合におけるその満たなかった部分の金額の範囲内に限られます（相法19の3③）。

　質問のケースで考えると、仮に長女が障害者控除の適用ができる者に該当するものとした場合に、第1次相続で障害者控除の限度額（10万円（特別障害者の場合は20万円）×85歳に達するまでの年数）に達するまですべてを控除した場合には、第2次相続においては控除できる金額はないこととなります。

●相次相続控除（相法20）

　第2次相続の被相続人が相続開始前10年以内に相続等によって財産を取得し相続税が課されていた場合には、その被相続人から相続等によって財産を取得した人の相続税額から、下記計算式によって計算した金額を控除します。

52

【計算式】

$$A \times \frac{C}{B-A} \quad \left[\text{求めた割合が} \frac{100}{100} \text{を超えるときは、} \frac{100}{100} \text{とする}\right]$$

$$\times \frac{D}{C} \times \frac{10-E}{10} = \text{各相続人の相次相続控除額}$$

A：第2次相続の被相続人が第1次相続の際に課せられた相続税額

※この相続税額は、相続時精算課税分の贈与税額控除後の金額をいい、この被相続人が納税猶予の適用を受けていた場合の免除された相続税額並びに延滞税、利子税及び加算税の額は含まれません。

B：第2次相続の被相続人が第1次相続の時に取得した純資産価額（取得財産の価額＋相続時精算課税適用財産の価額－債務及び葬式費用の金額）

C：第2次相続に係る相続、遺贈や相続時精算課税に係る贈与によって財産を取得したすべての人の純資産価額の合計額

D：第2次相続のその相続人の純資産価額

E：第1次相続から第2次相続までの期間

※1年未満の期間は切り捨てます。

　なお、質問のケースにおいて、第1次相続で母が「配偶者に対する相続税の軽減」を適用することにより相続税額がゼロとなった場合には、相次相続控除の適用ができませんが、数次相続案件についてはケースにより、「配偶者に対する相続税額の軽減」を適用せずに相次相続控除を適用したほうが第1次相続及び第2次相続の合計の相続税額が少なくなることもあるのでシミュレーションが必須となります。

　このシミュレーションの詳細は**第1編Q16**を参照してください。

② 申告期限

第1次相続に係る相続人が相続税申告書の提出期限前にその申告書を提出し

第**1**編
未分割の場合の相続税実務

ないで死亡した場合には、その死亡した者の相続人は、第2次相続の開始が
あったことを知った日の翌日から10か月以内に第1次相続に係る相続税の申告
書を提出しなければなりません。すなわち、第1次相続に係る相続税の申告期
限は相続人によって異なることとなります。

　質問のケースの具体的な第1次相続の相続税の申告期限は下記の通りです。

相続人	相続開始日	当初の申告期限	母の相続開始日	最終的な申告期限
母	令和×1年 1月15日	令和×1年 11月15日	令和×1年 2月10日	令和×1年 12月10日
長女 二女	令和×1年 1月15日	令和×1年 11月15日	令和×1年 2月10日	令和×1年 11月15日

③ 第1表の付表1

　第1次相続に係る相続税の申告書には、通常の相続税申告書に、第1表付表
1（納税義務等の承継に係る明細書（兼相続人の代表者指定届出書））を追加する必
要があります。

納税義務等の承継に係る明細書
（兼相続人の代表者指定届出書）

被相続人 [   ]

第1表の付表1（令和2年分以降用）

この表は、次の①から③までに掲げる場合のいずれかに該当する場合に記入します。
① 相続時精算課税適用者が被相続人である特定贈与者の死亡の日前に死亡している場合
② 相続税の申告書を提出すべき者が被相続人の死亡の日から相続税の申告期限までの間に相続税の申告書を提出しないで死亡している場合
③ 相続税の修正申告書を提出すべき者が相続税の修正申告書を提出しないで死亡している場合

税務署受付印

1　死亡した者の住所・氏名等

住所		フリガナ		相続開始年月日	令和　　年　　月　　日
		氏名			

2　死亡した者の納付すべき又は還付される税額

	納付すべき税額（相続税の申告書第1表の㉝の金額）	円	・・・・・A
	還付される税額（相続税の申告書第1表の㉟の金額）	△　　　　　円	

3　相続人等の代表者の指定
（相続税に関する書類を受領する代表者を指定するときに記入してください。）　　相続人等の代表者の氏名 ＿＿＿＿＿＿＿＿

4　限定承認の有無
（相続人等が限定承認しているときは、右の「限定承認」の文字を○で囲んでください。）　　限定承認

5　相続人等に関する事項

(1) 住所	〒	〒	〒	
(2) 氏名	フリガナ　（参考として記載している場合（参考））	フリガナ　（参考として記載している場合（参考））	フリガナ　（参考として記載している場合（参考））	
(3) 個人番号又は法人番号	個人番号の記載に当たっては、左端を空欄とし、ここから記入してください。 ↓	個人番号の記載に当たっては、左端を空欄とし、ここから記入してください。 ↓	個人番号の記載に当たっては、左端を空欄とし、ここから記入してください。 ↓	
(4) 職業及び被相続人との続柄	職業　　　　続柄	職業　　　　続柄	職業　　　　続柄	
(5) 生年月日	明・大・昭・平・令　　年　月　日	明・大・昭・平・令　　年　月　日	明・大・昭・平・令　　年　月　日	
(6) 電話番号				
(7) 承継割合 ・・・・B	法定・指定	法定・指定	法定・指定	
(8) 相続又は遺贈により取得した財産の価額	円	円	円	
(9) 各人の (8) の合計	＿＿＿＿＿＿＿＿＿＿＿＿＿＿＿＿＿円			
(10) (8)の(9)に対する割合 $\frac{(8)}{(9)}$				

6　税額　A×B

	納付すべき税額（各人の100円未満切捨て）	00円	00円	00円
	還付される税額	△　　　　円	△　　　　円	△　　　　円

税務署整理欄	整理番号	0		0		0	
	番号確認　身元確認						

第1表の付表1 (令3.7)　　　　　　　　　　　　　　　　　　　　　　　　（資4-20-1-2-A4統一）

出典：国税庁ホームページ

第1編
未分割の場合の相続税実務

書 き か た 等

《使用目的等》

1 この第1表の付表1は、表面の①から③までのいずれかに該当するときに使用するものです。なお、死亡した人の相続税の申告書を提出すべき者が1名である場合には、この第1表の付表1の提出を省略して差し支えありません。

2 この第1表の付表1を記入する前に、申告書で死亡した人の納付すべき税額又は還付される税額を計算してください。

3 共同して申告書を提出するかどうかにかかわらず、全ての相続人や包括受遺者（相続を放棄した者を除きます。）について記入します。

《死亡した人の申告書（第1表又は第1表（続））の書きかた》

○ 「住所」と「氏名」欄は、相続税の申告書を提出すべき者（死亡した人）の住所、氏名を記入してください。この場合、氏名の頭名に「被相続人」と記入してください。

なお、《使用目的等》の1により、この第1表の付表1の提出を省略する場合は、これらの欄を2段に分け次のように記入してください。

(1) 上段には、死亡した人について記入し、その氏名上部に相続開始（死亡）年月日を記入してください。

(2) 下段には、相続人や包括受遺者について記入してください。この場合、相続人や包括受遺者の氏名、住所地を記入するとともに、その氏名の頭名に、「相続人又は包括受遺者」と記入し、署名してください。

《第1表の付表1の書きかた》

1 「1 死亡した者の住所・氏名等」の「住所」欄
死亡した人の申告書の「住所」欄に記入した住所地を記入してください。

2 「2 死亡した者の納付すべき又は還付される税額」欄の「納付すべき税額」欄又は「還付される税額」欄
死亡した人の申告書第1表の㉔欄（還付になる場合には㉕欄）の金額を転記してください。

3 「5 相続人等に関する事項」
共同して申告書を提出するかどうかにかかわらず、全ての相続人や包括受遺者（相続を放棄した人を除きます。）について記入してください。

(1) 「住所」欄
相続人や包括受遺者がこの第1表の付表1を提出するときの住所（法人である場合は所在地）を記入してください。

(2) 「氏名」欄
この第1表の付表1により共同して申告書を提出しない相続人や包括受遺者である場合（参考として記載している場合）は、その者の氏名（法人である場合は名称）の右側の「参考」を○で囲んでください（共同して申告書を提出しない相続人や包括受遺者は、別に申告書と第1表の付表1を提出することになります。）。

(3) 「個人番号又は法人番号」欄
この第1表の付表1により共同して申告書を提出する相続人や包括受遺者は、個人番号（法人である場合は法人番号）を記入してください。

なお、この第1表の付表1の控えを保管する場合においては、その控えには個人番号を記入しない（複写により控えを作成し保管する場合は、個人番号部分が複写されない措置を講ずる）など、個人番号の取扱いには十分ご注意ください。

(4) 「承継割合・・・B」欄
法定相続分（民法第900条、901条）により財産を取得している人は「法定」の文字を、遺言による指定相続分（民法第902条）により財産を取得している人は「指定」の文字を、それぞれ○で囲んだ上、その割合を記入してください。

(注1) 次に掲げる場合の法定相続分は、次の表のとおりになります。

なお、子、父母、兄弟姉妹がそれぞれ2人以上あるときは、それぞれの法定相続分は均分になります。

		相続人	法定相続分
被相続人に	子がいる場合	配偶者	2分の1
		子	2分の1
	子がいない場合	配偶者	3分の2
		父母	3分の1
	子も父母もいない場合	配偶者	4分の3
		兄弟姉妹	4分の1

(注2) 指定相続分とは、相続人や包括受遺者が遺言によって指定を受ける相続分をいいます。

(5) 「相続又は遺贈により取得した財産の価額」欄
各人が相続や包括遺贈により取得する積極財産の相続時の価額を記入してください。

なお、相続財産についてまだ分割が行われていないときは、積極財産の総額に各人の相続分（「5 (7)承継割合・・・B」に記入されている各人の割合）を乗じて求めた金額をそれぞれ記入してください。

4 「6 税額」欄
この欄には、「2 死亡した者の納付すべき又は還付される税額」欄の「納付すべき税額」欄又は「還付される税額」欄に各人の相続分（「5 (7)承継割合・・・B」に記入されている各人の割合）を乗じて求めた金額を記入してください。

なお、「納付すべき税額」欄に記入する場合は100円未満の端数を切り捨て、「還付される税額」欄に記入する場合は1円単位まで記入してください。

(令3.7)

④ 遺産分割協議書

　数次相続案件の遺産分割協議書は、通常の遺産分割協議書と若干異なる部分がありますので、記載例を参考にしてみてください。

【数次相続の場合の遺産分割協議書記載例】 ※下線部分が数次相続特有の文言

遺産分割協議書

被相続人　父

最後の本籍　　●●

最後の住所　　●●

相続人兼被相続人　母

最後の本籍　　　●●

最後の住所　　　●●

死亡年月日　　　令和×1年2月10日

　被相続人父（令和×1年1月15日死亡）の遺産については、同人の相続人全員において分割協議を行った結果、次のとおり遺産を分割し、取得することを合意した。

記

1　下記不動産は亡母が相続する。

　　　所在　　　　　●●市●●区●●

　　　地番　　　　　●●番●●

　　　地目　　　　　宅地

　　　地積　　　　　●●㎡

　　　持分　　　　　2分の1

2　下記株式は長女が相続する。

　　　●●株式会社の株式　　●●株

　　　　　　　　　　　　　　　　　・

　　　　　　　　　　　　　　　　　・

　　　　　　　　　　　　　　　　　・

　　　令和●年●月●日

　　　　　　　　　　住所　　　●●

　　　　　　　　　　<u>相続人兼母の相続人　長女</u>

　　　　　　　　　　住所　　　●●

　　　　　　　　　　<u>相続人兼母の相続人　二女</u>

（3）第1次相続の相続税申告を戦略的に未分割申告とする場合

　質問のケースの相続開始日が仮に下記だったとします。質問のケースと同様に第2次相続開始前に第1次相続に係る遺産分割が確定しなかったものとします。

　父の相続開始日：令和×1年8月15日
　母の相続開始日：令和×2年1月10日

　この場合の第1次相続に係る相続税申告の期限は令和×2年6月15日となります（死亡した母の申告期限は上記（2）②と同様の考え方で令和×2年11月10日となりますが、長女及び二女については、令和×2年6月15日までに申告及び納付をする必要があります）。

　上記（1）でも述べたように数次相続案件は、遺産分割の割合を調整することにより第1次及び第2次の相続税額合計の負担が一番軽くなるようにするこ

とができます。

　ただし、本事例では第1次相続と第2次相続の相続開始年が異なり、また、第1次相続に係る相続税の申告期限が令和×2年の路線価の公表される7月初旬より前となっているため、第2次相続について土地がある場合には、その土地の評価額を確定させることができず、第2次相続に係る相続財産の評価を確定させることができません。すなわち、税負担が一番抑えられるような遺産分割の割合を算定することができないこととなるのです。

　このような場合には、第1次相続に係る相続税申告を戦略的に未分割申告とし、第2次相続の相続財産が確定した段階で、相続税負担が一番抑えられる遺産分割の割合を算定した後に第1次相続に係る相続税申告につき更正の請求又は修正申告をする方法も考えられます。

(4) 第2次相続の相続人が1人の場合

　はじめに、解説をわかりやすくするために上記質問で二女が存在しなかったという前提で解説いたします。

　第2次相続の相続人が複数人いる場合には、第1次相続における第2次相続の被相続人（母）の相続分は遺産分割協議によって第2次相続の相続人（長女及び二女）で自由に決めることができると考えられます。これに対し、第2次相続の相続人が1人（長女のみ）だった場合には、第1次相続における母の相続分を遺産分割協議によって自由に決めることができるのかが問題となります。

　この問に関しては下記「東京高等裁判所　平成26年9月30日判決」が参考となります。当該判決は不動産登記に係る判例となりますが、相続税実務にも影響を及ぼします。

　この判例においては、第2次相続の相続人が1人のみの場合には遺産分割協議の趣旨に照らし単独での遺産分割協議を行うことはできないと結論付けています。すなわち、法定相続分で相続したものとして登記手続きをすべき（中間省略登記は認めない）とされています。

第1編
未分割の場合の相続税実務

【東京高等裁判所　平成26年9月30日判決】（裁判所ホームページ）

　　被相続人甲の相続人が乙及び丙の2人であり、被相続人甲の死亡に伴う第1次
相続について遺産分割未了のまま乙が死亡し、乙の死亡に伴う第2次相続におけ
る相続人が丙のみである場合において、丙が被相続人甲の遺産全部を直接相続し
た旨を記載した遺産分割決定書と題する書面を添付してした当該遺産に属する不
動産に係る第1次相続を原因とする所有権移転登記申請については、被相続人甲
の遺産は、第1次相続の開始時において、丙及び乙に遺産共有の状態で帰属し、
その後、第2次相続の開始時において、その全てが丙に帰属したというべきであ
り、上記遺産分割決定書によって丙が被相続人甲の遺産全部を直接相続したこと
を形式的に審査し得るものではないから、登記官が登記原因証明情報の提供がな
いとして不動産登記法25条9号に基づき上記申請を却下した決定は、適法である。

　なお、相続登記実務においては、上記判例を受けて下記通知が発出されまし
た。当該通知では、第2次相続の被相続人（母）の生前に遺産分割協議が口頭
などで済んでいれば第2次相続の相続人が1人（長女）であっても事後的に遺
産分割協議書を書面で作成してもそれを根拠資料としてその遺産分割協議書に
則った相続登記ができるという内容になっています。

【遺産分割の協議後に他の相続人が死亡して当該協議の証明者が一人となった場合の相続による所有権の移転の登記の可否について（通知）（平成28年3月2日民二第154号）法務省民二第154号】（法務省民事局）

法務省民二第154号
平成28年3月2日

法務局民事行政部長　殿（大阪を除く）
地方法務局長　　　　殿

法務省民事局民事第二課長

遺産分割の協議後に他の相続人が死亡して当該協議の証明者が一人となった場合の相続による所有権の移転の登記の可否について（通知）

標記について、別紙甲号のとおり大阪法務局民事行政部長から当職宛てに照会があり、別紙乙号のとおり回答しましたので、この旨貴管下登記官に周知方お取り計らい願います。

別紙甲

不登第21号
平成28年2月8日

遺産分割の協議後に他の相続人が死亡して当該協議の証明者が一人となった場合の相続による所有権の移転の登記の可否について（照会）

　所有権の登記名義人Ａが死亡し、Ａの法定相続人がＢ及びＣのみである場合において、Ａの遺産の分割の協議がされないままＢが死亡し、Ｂの法定相続人がＣのみであるときは、ＣはＡの遺産の分割（民法（明治29年法律第89号）第907条第1項）をする余地はないことから、ＣがＡ及びＢの死後にＡの遺産である不動産の共有持分を直接全て相続し、取得したことを内容とするＣが作成した書面は、登記原因証明情報としての適格性を欠くものとされています（東京高等裁判所平成26年9月30日判決（平成26年（行コ）第116号処分取消等請求控訴事件）及び東京地方裁判所平成26年3月13日判決（平成25年（行ウ）第372あ号処分取消等請求事件）参照）。これに対して、上記の場合において、ＢとＣの間でＣが単独でＡの遺産を取得する旨のＡの遺産の分割の協議が行われた後にＢが死亡したときは、遺産の分割の協議は要式行為ではないことから、Ｂの生前にＢとＣの間で遺産分割協議書が作成されていなくとも当該協議は有効であり、また、Ｃは当該協議の内容を証明することができる唯一の相続人であるから、当該協議の内容を明記してＣがＢの死後に作成した遺産分割協議証明書（別紙）は、登記原因

第**1**編
未分割の場合の相続税実務

証明情報としての適格性を有し、これがＣの印鑑証明書とともに提供されたときは、相続による所有権の移転の登記の申請に係る登記をすることができると考えますが、当該遺産分割協議証明書については、登記権利者であるＣ一人による証明であるから、相続を証する情報（不動産登記令（平成16年政令第379号）別表の22の項添付情報欄）としての適格性を欠いているとの意見もあり、当該申請に係る登記の可否について、いささか疑義がありますので照会します。

照会の別紙

遺産分割協議証明書

　平成20年11月12日○県○市○区○町○丁目○番○号Ａの死亡によって開始した相続における共同相続人Ｂ及びＣが平成23年５月10日に行った遺産分割協議の結果、○県○市○区○町○丁目○番○号Ｃが被相続人の遺産に属する後記物件を単独取得したことを証明する。

　平成27年１月１日　　　　　　　　　　　　○県○市○区○町○丁目○番○号
　　　　　　　　　　　　　　　　　　　　　Ａの相続人兼Ａの相続人Ｂの相続人Ｃ㊞

　不動産の表示　　（略）

別紙乙

法務省民二第153号
平成28年３月２日

大阪法務局民事行政部長　　殿

法務省民事局民事第二課長

遺産分割の協議後に他の相続人が死亡して当該協議の証明者が一人となった場合の相続による所有権の移転の登記の可否について（回答）

　本年2月8日付け不登第21号をもって照会のありました標記の件については、貴見のとおり取り扱われて差し支えありません。

　これまでの相続税実務においては、第2次相続の相続人が1人のケースにおいても「遺産処分決定書」等を相続税申告書に添付し、第2次相続の被相続人（母）の相続分を自由に決めていることがありました。しかし、上記「東京高等裁判所　平成26年9月30日判決」の判例が出た以降は、遺産分割協議が無効であるとして法定相続分に基づき第1次相続の相続税申告書を作成するというような向きも実務上ありました。

　筆者の私見では、上記通知と同様の考え方で、第2次相続の被相続人（母）と第2次相続の相続人（長女）の間で生前に遺産分割協議が済んでいたが、書面で残していないような場合であっても、母死亡後、「遺産処分決定書」等を作成すれば、それに則った相続税申告は認められるものと考えます。

　なお、この論点はあくまで、第2次相続の相続人が1人である場合のみの論点であり、第2次相続の相続人が複数人いる場合には、第1次相続の遺産分割協議はその相続人の1人が亡くなったとしても残った複数の相続人で自由に決めることが可能であることにご留意ください。

第1編
未分割の場合の相続税実務

被相続人が外国人の場合の未分割申告

Q 父である被相続人は韓国人で住所地も韓国でした。遺産の状況は下記のとおりです。相続人は母、長男、長女の3人で長男は日本に帰化しており日本国籍で住所も日本です。母及び長女は韓国籍で住所も韓国です。父の遺産について相続税の申告期限までに遺産分割が確定しない場合の相続税の計算方法を教えてください。

　日本所在の財産　2億円
　韓国所在の財産　10億円

A 被相続人が外国人の場合には、法の適用に関する通則法第36条により被相続人の本国法により相続関係を整理することとなります。相続税計算においては、外国の相続法に準拠すべき部分と日本の民法に準拠すべき部分とが混在するため複雑になります。また、相続人に制限納税義務者がいる場合の未分割申告は特殊な計算となりますので注意が必要です。

解説

(1) 被相続人が外国人の場合

　被相続人が外国人の場合には、法の適用に関する通則法第36条により被相続人の本国法により相続関係を整理することとなります。相続税は、下記順序に従い計算することになりますが、被相続人の本国法に準拠すべき部分と日本の民法に準拠すべき部分が混在します。

	計算段階	準拠すべき法律
①	各人の課税価格	被相続人の本国法に準拠
②	基礎控除額	日本の民法に準拠
③	課税遺産総額 （①－②）	
④	各人の相続税額 （③を日本の民法による 法定相続分により按分）	日本の民法に準拠
⑤	相続税の総額 （④の合計）	
⑥	各人の納付税額 （⑤を取得割合に応じて按分）	被相続人の本国法に準拠

　基礎控除額と相続税の総額の算定上は、日本の民法により相続人及び相続分を基として計算し、それ以外については被相続人の本国法の規定による相続人及び相続分を基として計算することになります。

【国税庁質疑応答事例】

被相続人が外国人である場合の未分割遺産に対する課税

【照会要旨】

　外国人が死亡した場合における相続税の総額の計算は、日本の民法の規定による相続人及び相続分を基として計算することとしていますが、各人の課税価格を計算する場合において、遺産が未分割のときは、日本の民法の規定による相続人及び相続分を基として計算するのか又は本国法の規定による相続人及び相続分を基として計算するのかいずれによりますか。

65

第**1**編
未分割の場合の相続税実務

【回答要旨】

　　法の適用に関する通則法第36条により相続は被相続人の本国法によることとされていますから、被相続人の本国法の規定による相続人及び相続分を基として計算することとなります。

(2) 具体的計算

　　質問のケースに基づき実際に未分割申告における相続税の計算をしてみましょう。

【前提知識】

①韓国の民法

　　配偶者の相続分は子の1.5倍であるため、質問のケースの場合の韓国の民法における相続分は下記のとおりです。

　　母：$\dfrac{3}{7}$

　　長男及び長女：各$\dfrac{2}{7}$

②相続財産

　　国内財産：2億円

　　国外財産（韓国）：10億円

③納税義務者

　　長男は日本国内に住所があるため無制限納税義務者となりますが、母と長女は、父が日本国内に住所がなく、相続人本人も日本国内に住所がなく国籍も韓国であるため制限納税義務者となります。

　　長男：無制限納税義務者

　　母及び長女：制限納税義務者

【相続税計算】

①各人の課税価格（韓国の民法の相続割合）

　　●無制限納税義務者（長男）

66

$$12億円（国内財産及び国外財産合計）\times\frac{2}{7}=3億4,285万円$$

●制限納税義務者（母及び長女）

母：$2億円（国内財産のみ）\times\frac{3}{7}=8,571万円$

長女：$2億円（国内財産のみ）\times\frac{2}{7}=5,714万円$

●合計

4億8,570万円

②基礎控除額（日本の民法における相続人の数）

$3,000万円+600万円\times3人=4,800万円$

③課税遺産総額

①－②＝4億3,770万円

④各人の相続税額（日本の民法による法定相続分）

母：$③\times\frac{1}{2}=2億1,885万円$

　　$2億1,885万円\times45\%-2,700万円=7,148万円$

長男及び長女：$③\times\frac{1}{4}=1億942万円$

　　　　　　　$1億942万円\times40\%-1,700万円=2,677万円$

⑤相続税の総額

1億2,500万円（上記④の合計、端数等は簡便的に切り捨て）

⑥各人の納付税額（韓国の民法による相続分）

母　：$⑤\times\dfrac{2億円（国内財産）\times\frac{3}{7}（韓国の民法の相続分）}{課税価格の合計（①）}=2,206万円$

長男：$⑤\times\dfrac{12億円（全ての財産）\times\frac{2}{7}（韓国の民法の相続分）}{課税価格の合計（①）}=8,824万円$

長女：$⑤\times\dfrac{2億円（国内財産）\times\frac{2}{7}（韓国の民法の相続分）}{課税価格の合計（①）}=1,471万円$

※長男について外国税額控除は考慮外としています。

※母及び長女は制限納税義務者であるため外国税額控除の適用はありません。

第1編
未分割の場合の相続税実務

未分割申告の場合の特例適用の可否

Q 相続税の申告期限までに遺産分割が固まらない場合に適用ができない特例について教えてください。

A 遺産分割が要件になっている特例については、未分割申告時には適用できません。詳細は解説を参照してください。

解説

遺産分割が要件になっている主な特例は下記の通りです。

なお、下記（1）から（3）については、申告期限までに遺産分割が確定しない場合において、「申告期限後3年以内の分割見込書」を相続税の申告書とともに提出したときは、遺産分割確定時にその特例の適用を受けることができます。

これに対し、下記（4）から（8）については、そのような規定は存在しないため、申告期限までに特例の対象となる財産の遺産分割が確定している必要があります。

（1）配偶者に対する相続税額の軽減（相法19の2）

被相続人の配偶者が被相続人から相続等により財産を取得した場合には、法定相続分又は1億6,000万円のいずれか大きい金額まで相続税の課税価格から控除されます。この特例は遺産分割が確定している財産についてのみ適用されます。詳細は**第1編Q16**にて解説します。

（2）小規模宅地等についての相続税の課税価格の計算の特例
（措法69の4）

　被相続人が事業又は居住していた宅地等について一定額をその宅地等の課税価格から減額できる特例です。この特例も遺産分割が確定した宅地等についてのみ適用が可能です。詳細は**第1編Q17**にて解説します。

（3）特定計画山林についての相続税の課税価格の計算の特例
（措法69の5）

　特定計画山林相続人等が、相続等により取得した特定計画山林について、申告期限まで引き続きその選択特定計画山林の全てを有している場合等には、相続税の課税価格に算入すべき価額は、その選択特定事業用資産の価額に100分の95を乗じて計算した金額とします。

　この特例も遺産分割が確定した山林についてのみ適用が可能です。

（4）農地等についての相続税の納税猶予及び免除等（措法70の6）

　農業を営んでいた被相続人から相続等により一定の農地等を農業相続人が相続等により取得した場合には、その取得した農地等の価額のうち農業投資価格による価額を超える部分に対応する相続税額が猶予されます。

　この特例の適用を受ける場合には、申告期限内にその農地等につき遺産分割が確定している必要があります。

（5）山林についての相続税の納税猶予及び免除（措法70の6の6）

　特定森林経営計画が定められている区域内に存する山林を一定の被相続人から相続等により林業経営相続人が一定の山林を相続した場合には、その山林に

係る課税価格の80％に相当する相続税額が猶予されます。

この特例の適用を受ける場合には、申告期限内にその山林につき遺産分割が確定している必要があります。

（6）特定の美術品についての相続税の納税猶予及び免除（措法70の6の7）

寄託先美術館の設置者と特定美術品の寄託契約を締結し、認定保存活用計画に基づきその特定美術品をその寄託先美術館の設置者に寄託していた者から相続又は遺贈によりその特定美術品を取得した一定の相続人が、その特定美術品の寄託先美術館の設置者への寄託を継続する場合には、その寄託相続人が納付すべき相続税の額のうち、その特定美術品に係る課税価格の80％に対応する相続税の納税が猶予されます。

この特例の適用を受ける場合には、申告期限内に特定美術品につき遺産分割が確定している必要があります。

（7）個人の事業用資産についての相続税の納税猶予及び免除（措法70の6の10）

青色申告に係る事業（不動産貸付業等を除きます）を行っていた事業者の後継者として円滑化法の認定を受けた者が、相続等により、特定事業用資産を取得した場合は、一定の要件のもと、その特定事業用資産に係る相続税の全額の納税が猶予されます。

この特例の適用を受ける場合には、申告期限内に特定事業用資産につき遺産分割が確定している必要があります。

(8) 非上場株式等についての相続税の納税猶予及び免除 （措法70の7の2）

　認定承継会社の代表権を有していた被相続人から経営承継相続人が相続等によりその非上場株式等の取得をした場合には、その取得した非上場株式等のうち一定の部分に係る相続税額が猶予されます。

　この特例の適用を受ける場合には、申告期限内にその非上場株式等につき遺産分割が確定している必要があります。

(9) 医療法人の持分についての相続税の納税猶予及び免除 （措法70の7の12）

　経過措置医療法人の持分を有していた被相続人から一定の相続人が相続等によりその医療法人の持分を取得した場合には、その取得した持分のうち一定の部分に係る相続税額が猶予されます。

　この特例の適用を受ける場合には、申告期限内にその医療法人の持分につき遺産分割が確定している必要があります。

(10) 医療法人の持分についての相続税の税額控除 （措法70の7の13）

　一定の経過措置医療法人の持分を有していた被相続人から相続等によりその持分を取得した場合において、その経過措置医療法人が相続開始時において認定医療法人であり、かつ、その持分を取得した相続人等が相続開始時から申告書の提出期限までの間にその有する経過措置医療法人で一定の認定を受けたものの持分の全部又は一部を放棄したときは、その相続人等については、相続税額から放棄相当相続税額を控除することができます。

　この特例の適用を受ける場合には、申告期限内にその医療法人の持分につき遺産分割が確定している必要があります。

第1編
未分割の場合の相続税実務

配偶者に対する相続税額の軽減

Q 配偶者に対する相続税額の軽減(以下、この設問では「配偶者の税額軽減」といいます)について、その概要と未分割実務上の留意点を教えてください。

A 配偶者については、法定相続分又は1億6,000万円のいずれか多い金額までは相続税がかかりません。なお、この規定の適用を受けるためにはその対象の財産について遺産分割が確定している必要があります。

―――― 解　説 ――――

(1) 制度の概要

被相続人の配偶者が相続又は遺贈により財産を取得した場合には、次の計算式により計算した金額をその配偶者の相続税額から控除することができます(相法19の2①)。

$$相続税の総額 \times \frac{①又は②のいずれか少ない金額}{課税価格の合計額}$$

① 配偶者の法定相続分に対応する課税価格又は1億6,000万円のいずれか多い金額
② 配偶者の課税価格相当額

申告期限までに分割されていない財産についてはこの規定の適用はできません。ただし、相続税申告書に「申告期限後3年以内の分割見込書」を添付した場合において、その分割されていない財産が申告期限から3年以内に分割され

たときは、その分割された財産については、更正の請求等によりこの規定の適用を受けることができます（相法19の2②）。

　なお、申告期限から3年を経過する日までに遺産分割が固まらないこともあるかもしれませんが、そのような場合には、「遺産が未分割であることについてやむを得ない事由がある旨の承認申請書」を申告期限後3年を経過する日の翌日から2か月以内に税務署長に提出した場合において、そのやむを得ない事情がなくなった日の翌日から4か月以内に分割されたときは、更正の請求等によりこの規定の適用を受けることができます。

(2) 配偶者が負担する債務又は葬式費用の金額

　上記（1）に記載したように、未分割財産については配偶者の課税価格相当額（上記（1）算式の②）に含めることができません。

　なお、未分割財産と既に分割が決まっている財産が共に存在する場合において、配偶者が負担することが決まっている債務や葬式費用があるときは、未分割財産から先に控除することができます。

　これに対し、代償分割に基づいて相続財産を現物で取得した配偶者が他の相続人に対して代償財産を給付するときは、上記債務や葬式費用と異なり、既に分割が決まっている財産からその代償債務を控除することになります（相基通19の2－6）。

(3) 分割の意義

　配偶者の税額軽減の規定においては「分割されている」というのはどういうことか、すなわち分割の定義が非常に重要になりますが、この規定における「分割」とは、相続開始後において相続又は包括遺贈により取得した財産を現実に共同相続人又は包括受遺者に分属させることをいいます。また、その分割の方法が現物分割、代償分割若しくは換価分割であるか、またその分割の手続

が協議、調停若しくは審判による分割であるかを問わないこととされています（相基通19の2 – 8）。

（4）隠ぺい仮装行為があった場合

　隠ぺい仮装行為により、相続税の申告をし、又は無申告であった場合において、税務調査等により修正申告又は期限後申告をするときは、その隠ぺい仮装に対応する部分の金額については、配偶者の税額軽減の適用ができません（相法19の2⑤）。

　なお、この場合の配偶者の税額軽減の計算は、下記「第5表の付表」を使用します。

配偶者の税額軽減額の計算書（付表）

被相続人	

第5表の付表（平成21年4月分以降用）

　この表は、被相続人から相続又は遺贈（当該相続に係る被相続人からの贈与により取得した財産で相続時精算課税の適用を受ける贈与を含みます。）により財産を取得した者（以下「納税義務者」といいます。）のうちに財産を隠蔽又は仮装した者がいる場合に記入します。

第5表各欄の金額の計算

　納税義務者のうちに財産を隠蔽又は仮装した者がいる場合には、次の表により計算した金額を第5表に転記します。

(1) 相続税法第19条の2第5項の規定により読み替えられた同条第1項第2号に規定する「相続税の総額」及び「課税価格の合計額」の計算

① 第1表の「各人の合計」の④の金額	② 第1表の「各人の合計」の⑤の金額	③ (①+②)の金額	④ 第1表の「各人の合計」の(①+②)の金額のうち配偶者が隠蔽又は仮装した財産の金額	⑤ 第1表の「各人の合計」の③の金額のうち配偶者が仮装した債務及び葬式費用の金額
配偶者以外の者が農業相続人である場合には第3表の「（各人の合計）」の④の金額	配偶者以外の者が農業相続人である場合には第3表の「（各人の合計）」の⑤の金額		配偶者以外の者が農業相続人である場合には第3表の「（各人の合計）」の(①+②)の金額	
円	円	円	円	円

⑥ (④+⑤)の金額と第1表の「各人の合計」の④の金額のうちいずれか少ない方の金額	⑦ 第1表の「各人の合計」の⑤の金額のうち配偶者が隠蔽又は仮装した財産の金額	⑧ (⑥+⑦)の金額	⑨ (③-⑧)の金額 (1,000円未満切捨て)	⑩ ⑨の金額に相当する相続税の総額
円	円	円	円 ,000	円

（注）　1　⑨欄の金額を第5表の⑨又は⑲欄に転記します。また、⑩欄の金額を第5表の⑦又は⑰欄に転記します。
　　　　2　⑩欄の金額は、⑨欄の金額を課税価格の合計額とみなして計算した場合の相続税の総額を記載します。
　　　　　なお、⑩欄の金額については、第2表を別途作成して算出してください。

(2) 相続税法第19条の2第5項の規定により読み替えられた同条第1項第2号イに規定する「課税価格の合計額」の計算

⑪ 第1表の配偶者の①の金額のうち納税義務者が隠蔽又は仮装した財産の金額	⑫ 第1表の配偶者の③の金額のうち納税義務者が仮装した債務及び葬式費用の金額	⑬ (⑪+⑫)の金額と第1表の配偶者の①の金額のうちいずれか少ない金額	⑭ 第1表の配偶者の⑤の金額のうち納税義務者が隠蔽又は仮装した財産の金額	⑮ (⑬+⑭)の金額	⑯ (③-⑮)の金額 (1,000円未満切捨て)
円	円	円	円	円	円 ,000

（注）⑯欄の金額を第5表の「課税価格の合計額のうち配偶者の法定相続分相当額」の「（第1表の④の金額）」欄又は「（第3表の④の金額）」欄に転記します。

(3) 相続税法第19条の2第5項により読み替えられた同条第1項第2号ロの「配偶者に係る相続税の課税価格」の計算

⑰ 第11表の配偶者の①の金額（分割財産の価額）	分割財産の価額から控除できる債務及び葬式費用の金額			㉑ (⑰-⑳)の金額 (赤字のときは0)	㉒ 第1表の配偶者の⑤の金額（純資産価額に加算される暦年課税分の贈与財産価額）
	⑱ 第1表の配偶者の③の金額（債務及び葬式費用の金額）	⑲ 第11表の配偶者の②の金額（未分割財産の金額）	⑳ (⑱-⑲)の金額 (⑲の金額が⑱の金額より大きいときは0)		
円	円	円	円	円	円

㉓ ⑰の金額のうち納税義務者が隠蔽又は仮装した財産の金額	㉔ ⑱の金額のうち納税義務者が仮装した債務及び葬式費用の金額	㉕ (㉓+㉔)の金額と㉑の金額のうちいずれか少ない方の金額	㉖ ㉒の金額のうち納税義務者が隠蔽又は仮装した財産の金額	㉗ (㉕+㉖)の金額	㉘ (㉑+㉒-㉗)の金額 (1,000円未満切捨て 赤字のときは0)
円	円	円	円	円	円

（注）㉘欄の金額を第5表の⑥又は⑯欄に転記します。

第5表の付表(平28.7) 　　　　　　　　　　　　　　　　　　　　　　　　　（資4−20−6−2−A4統一）

出典：国税庁ホームページ

(5) 遺産分割確定前に配偶者が死亡している場合

　第1次相続の遺産分割前にその被相続人の配偶者が死亡した場合において、第1次相続の配偶者以外の相続人間でその死亡した配偶者に取得させることを協議したときは、その配偶者の取得した財産につき配偶者の税額軽減の適用が可能となります（相基通19の2−5）。

　配偶者の税額軽減は未分割財産については適用できないこととなっています。このため、被相続人の配偶者が遺産分割前に死亡した場合には、原則としてその配偶者は遺産分割により財産を取得することが不可能となり、この規定の適用ができないこととなってしまいます。

　しかし、このようなケースで配偶者の税額軽減が適用できないと、遺産分割協議後に亡くなったケースと比較し、著しく不公平な結果となってしまうため、救済措置的に、遺産分割協議前に亡くなったとしても配偶者の税額軽減を適用できることとしたのです。

　なお、短期間で夫婦の両方が亡くなるような数次相続案件については、配偶者の税額軽減を適用しないほうが第1次相続及び第2次相続の相続税の合計額が少なくなるケースもあるため注意が必要です。

　下記に具体的な数値で確認していきたいと思います。

【家族構成】
　父（第1次相続被相続人）、母（第2次相続被相続人）、子
【相続財産】
　父：10億円
　母：10億円（第1次相続の相続財産取得前の母固有財産）
【前提】
　令和3年10月に父が死亡、その1か月後の11月に遺産分割確定前に母が死亡
　第1次相続の遺産分割を法定相続分で相続したものとして計算

【計算結果】

単位：千円

		配偶者の税額軽減		差額 ②－①
		①適用する	②適用しない	
第1次相続	税額控除前 相続税額	395,000	395,000	0
	配偶者の税額軽減	197,500	0	△197,500
	差引相続税額	197,500	395,000	197,500
第2次相続	税額控除前 相続税額	733,200※1	624,575※2	△108,625
	相次相続控除	0	197,500	197,500
	差引相続税額	733,200	427,075	△306,125
第1次及び第2次相続 合計相続税額		930,700	822,075	△108,625

※1　相続財産：

　　15億円（母固有財産10億円＋父からの相続財産5億円）

　　相続税額：

　　（15億円△基礎控除3,600万円）×55%△7,200万円

※2　相続財産：

　　13億250万円（母固有財産10億円＋父からの相続財産5億円△第1次相続税額1億9,750万円）

　　相続税額：

　　（13億250万円△基礎控除3,600万円）×55%△7,200万円

配偶者の税額軽減を適用しないほうが1億円以上有利となります。

(6) 添付書類

配偶者の税額軽減の適用を受ける場合には、下記の書類を相続税申告書等に

第**1**編
未分割の場合の相続税実務

添付する必要があります。

▷当初申告書提出時（相規1の6③、相基通19の2－17）

① 申告期限までに遺産分割が確定した場合

a. 次のいずれかの書類

　　イ　被相続人のすべての相続人を明らかにする戸籍の謄本（相続開始の日から10日を経過した日以後に作成されたもの）

　　ロ　図形式の法定相続情報一覧図の写し（子の続柄が実子又は養子のいずれであるかがわかるように記載されたものに限ります）

　　なお、被相続人に養子がいる場合には、その養子の戸籍の謄本又は抄本の提出も必要です。

　　ハ　イ又はロをコピー機で複写したもの

b. 遺言書の写し又は遺産分割協議書の写し

c. 相続人全員の印鑑証明書

　　なお、外国籍の相続人がいる場合には、印鑑証明書が存在しませんのでサイン証明書等にて代替が可能です。

【国税庁質疑応答事例】

米国籍を有する制限納税義務者が相続税の申告書に添付する印鑑証明書

【照会要旨】

　被相続人甲（日本に住所を有する）は、本年3月に死亡しました。

　共同相続人のうち、Ａは、米国籍を有し、米国に居住していますが、現在葬式のため日本に帰郷しているので、この際共同相続人間で遺産の分割の協議を行い、相続税の申告書を提出したいと考えています。配偶者の税額軽減の適用を受けるためには遺産分割協議書に印鑑証明書を添付しなければならないということですが、Ａの場合、印鑑証明書はとれないので、パスポートで身分を証明し、アメリカ領事館又は公証人役場で遺産分割協議書の同人の署名について認証を受けようと考えていますが、この認証で差し支えありませんか。

【回答要旨】

　米国領事は、公証人の資格をもち、私署証書の認証事務を行うことになっていますので、その認証は日本の印鑑証明書に代わる役割をもっていますから上記の認証で差し支えありません。

②　申告期限までに遺産分割が確定しなかった場合

　上記①の書類に加え、「申告期限後3年以内の分割見込書」

▷遺産が未分割であることについてやむを得ない事由がある旨の承認申請書提出時（相規1の6②）

①相続又は遺贈に関し訴えの提起がなされていることを証する書類

②相続又は遺贈に関し和解、調停又は審判の申立てがされていることを証する書類

③相続又は遺贈に関し遺産分割の禁止、相続の承認若しくは放棄の期間が伸長されていることを証する書類

④①から③までの書類以外の書類で財産の分割がされなかった場合におけるその事情の明細を記載した書類

▷遺産分割確定後更正の請求書等提出時（相規1の6③、相基通19の2-18）

①　協議分割

　遺産分割協議書等

②　調停又は審判

　その調停の調書又は審判書の謄本、その財産が法の規定により相続又は遺贈により取得したものとみなされるものである場合には、その財産の支払通知書等その財産の取得を証する書類

第1編
未分割の場合の相続税実務

▷その他

　相続分不存在証明書や特別受益証明書は、相続税法施行規則第1条の6第3項に規定する添付書類に該当するか否かですが、下記国税庁質疑応答にて原則としては添付書類に該当しないが、実務上添付書類として取り扱っても差し支えないとされています。

【国税庁質疑応答事例】

配偶者に対する相続税額の軽減の規定の適用を受ける場合の「相続分不存在証明書」の適否

【照会要旨】

　相続税法第19条の2（（配偶者に対する相続税額の軽減））の規定を適用する場合には、相続税の申告書に相続税法施行規則第1条の6第3項に規定する書類を添付する必要がありますが、その添付書類のうち同項第1号に規定する「その他の財産の取得の状況を証する書類」には、特別受益者（民法903）が自ら証明したいわゆる「相続分不存在証明書」（「私は被相続人からすでに財産の分与を受けており、被相続人の死亡による相続については、相続する相続分が存しないことを証明します」という趣旨の証明書）が当たりますか。

　なお、不動産登記実務においては、「相続分不存在証明書」を添付した相続による所有権移転の登記申請を認めています。

【回答要旨】

　「相続分不存在証明書」（又は「特別受益証明書」）は、原則として相続税法施行規則第1条の6第3項第1号に規定する書類に該当しません。

　ただし、「相続分不存在証明書」が真にその交付者（特別受益者）の法定相続分を超える特別受益を受けているという事実に基づいて作成されており、かつ、「相続分不存在証明書」に基づいて各財産が取得されていることが客観的に確認できる書類として、①特別受益財産の明細を記載した書類及び②登記事項証明書など各財産が相続人に名義変更されたことが確認できる書類の提出があった場合には、それらの書類の全てをもって、同号に規定する書類として取り扱って差し

支えありません。

　なお、平成28年1月1日以降相続開始案件については、特例適用の有無に関係なく次の本人確認書類の添付も必要となります。

【本人確認書類】
　下記「番号確認書類」及び「身元確認書類」の両方が必要となりますが、納税者本人が税務署の窓口で申告書を提出する場合には下記の書類の提示だけでも構いません。
●番号確認書類（下記のいずれかの書類）
　・マイナンバーカード裏面の写し
　・通知カードの写し※
　・住民票の写し（マイナンバーの記載のあるもの）
●身元確認書類（下記のいずれかの書類）
　・マイナンバーカード表面の写し
　・運転免許証の写し
　・身体障害者手帳の写し
　・パスポートの写し
　・在留カードの写し
　・公的医療保険の被保険者証の写しなど
　※　通知カードは令和2年5月25日に廃止されていますが、通知カードに記載された氏名、住所などが住民票に記載されている内容と一致している場合に限り、引き続き番号確認書類として利用できます。

第**1**編
未分割の場合の相続税実務

17 小規模宅地等についての相続税の課税価格の計算の特例

Q 小規模宅地等についての相続税の課税価格の計算の特例（以下、この設問では「小規模宅地等の特例」といいます）について、その概要と未分割実務上の留意点を教えてください。

A 小規模宅地等の特例は、被相続人が事業をしていた土地や居住していた土地について一定額まで相続税の課税価格に算入すべき金額を減額することができる課税の特例をいいます。この規定の適用を受けるためにはその対象の土地について遺産分割が確定している必要があります。

解 説

(1) 制度の概要

　個人が、相続又は遺贈により取得した財産のうち、その相続の開始の直前において被相続人又は被相続人と生計を一にしていた被相続人の親族（以下、被相続人等）の事業用又は居住用の宅地等のうち、一定の限度面積までの金額については、相続税の課税価格に算入すべき価額の計算上、80％又は50％の減額をします（措法69の4）。

　限度面積と減額される割合は下記表の通りです。

相続開始の直前における宅地等の利用区分		特例対象宅地等の区分		限度面積	減額割合
被相続人等の事業用	貸付事業以外の事業用	①	特定事業用宅地等	400㎡	80％
		②	特定同族会社事業用宅地等	400㎡	80％

	貸付事業用	③	貸付事業用宅地等	200㎡	50%
被相続人等の居住用		④	特定居住用宅地等	330㎡	80%

（注）限度面積計算

1. 特定事業用等宅地等（①又は②）を選択する場合又は特定居住用宅地等（④）を選択する場合

（①＋②）≦400㎡、④≦330㎡

※最大で730㎡まで適用可能

2. 貸付事業用宅地等（③）及びそれ以外の宅地等（①、②、④）を選択する場合

$$（①＋②）\times\frac{200}{400}+④\times\frac{200}{330}+③≦200㎡$$

(2) 未分割申告の場合

　第1編Q16の配偶者の税額軽減同様、申告期限までに分割されていない特例対象宅地等については、特例の適用はできません。ただし、相続税申告書に「申告期限後3年以内の分割見込書」（以下「分割見込書」といいます）を添付した場合において、その分割されていない特例対象宅地等が申告期限から3年以内に分割されたときは、その分割された財産については、更正の請求等によりこの規定の適用を受けることができます（措法69の4④）。

　なお、申告期限から3年を経過する日までに遺産分割が固まらないこともあるかもしれませんが、そのような場合には、「遺産が未分割であることについてやむを得ない事由がある旨の承認申請書」（以下「承認申請書」といいます）を申告期限後3年を経過する日の翌日から2か月以内に税務署長に提出した場合において、そのやむを得ない事情が無くなった日の翌日から4か月以内に分割されたときは、更正の請求等によりこの規定の適用を受けることができます。

83

（3）期限後申告における適用可否

※期限後申告における適用可否については、一部筆者の個人的見解も含まれますので、適用にあたっては当局に事前にご確認をお願いします。

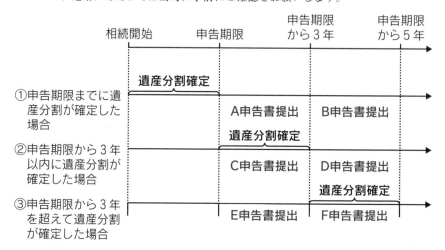

① 申告期限までに遺産分割が確定した場合

A 申告期限から3年以内に期限後申告書を提出した場合

遺産分割が申告期限までに確定しているため、期限後申告であっても特例の適用が可能です。

B 申告期限から3年を超えた後に期限後申告書を提出した場合

上記A同様、遺産分割が申告期限までに確定しているため、期限後申告であっても特例の適用が可能です。

② 申告期限から3年以内に遺産分割が確定した場合

C 申告期限から3年以内に期限後申告書を提出した場合

分割見込書が期限内申告において提出されていませんが、期限後申告書提出時に遺産分割が確定している場合には特例の適用が可能と考えます。

D 申告期限から3年を超えた後に期限後申告書を提出した場合

　上記C同様、特例の適用が可能と考えます。申告期限から3年を超えていても遺産分割が3年以内に確定しているため承認申請書の提出も必要ありません。

③ 申告期限から3年を超えて遺産分割が確定した場合

E 申告期限から3年以内に期限後申告書を提出した場合

　期限後申告書提出時に遺産分割が確定していないため期限後の未分割申告となり、特例の適用はできません。

　なお、この場合においてもその期限後申告書に分割見込書を添付し、申告期限から3年経過時に承認申請書を提出し、その承認を税務署から受けた場合には、遺産分割確定後に更正の請求等をすることにより特例の適用が可能となります。

F 申告期限から3年を超えた後に期限後申告書を提出した場合

　申告期限から3年以内に遺産分割が固まらない場合には、承認申請書の提出が必須となります。このケースは、承認申請書を期限までに提出していないので特例の適用はできません。

(4) 添付書類

　小規模宅地等の特例の適用を受ける場合には、下記の書類を相続税申告書等に添付する必要があります。

▷当初申告書提出時（措規23の2⑧）
① 申告期限までに遺産分割が確定した場合

【共通】

a. 次のいずれかの書類

　イ　被相続人のすべての相続人を明らかにする戸籍の謄本（相続開始の日か

第 **1** 編

未分割の場合の相続税実務

ら10日を経過した日以後に作成されたもの)

ロ　図形式の法定相続情報一覧図の写し（子の続柄が実子又は養子のいずれで
あるかがわかるように記載されたものに限ります）

なお、被相続人に養子がいる場合には、その養子の戸籍の謄本又は抄本の
提出も必要です。

ハ　イ又はロをコピー機で複写したもの

b. 遺言書の写し又は遺産分割協議書の写し

c. 相続人全員の印鑑証明書

【特定居住用宅地等】

d. 特例対象宅地等を自己居住用に供していることを明らかにする書類（本人確
認書類*を提出する場合には不要です）

　　　※本人確認書類については、81ページを参照してください。

e. 相続開始前3年以内における住所等を明らかにする書類（本人確認書類*を提
出する場合には不要です）

f. 相続開始前3年以内に居住していた家屋が、自己、自己の配偶者、三親等内
の親族又は特別の関係がある一定の法人の所有する家屋以外の家屋である旨
を証する書類（賃貸借契約書やその居住用家屋の登記簿謄本など）

g. 相続開始の時において自己の居住している家屋を相続開始前のいずれの時に
おいても所有していたことがないことを証する書類

h. 被相続人の戸籍の附票の写し

i. 介護保険の被保険者証の写しや障害者の日常生活及び社会生活を総合的に支
援するための法律第22条第8項に規定する障害福祉サービス受給者証の写し
など、被相続人が介護保険法第19条第1項に規定する要介護認定、同条第2
項に規定する要支援認定を受けていたこと若しくは介護保険法施行規則第
140条の62の4第2号に該当していたこと又は障害者の日常生活及び社会生
活を総合的に支援するための法律第21条第1項に規定する障害支援区分の認
定を受けていたことを明らかにする書類

j. 施設への入所時における契約書の写しなど、被相続人が相続開始の直前にお

いて入居又は入所していた住居又は施設の名称及び所在地並びにその住居又は施設が一定の老人ホーム等に該当するかを明らかにする書類

　　※ d, e, f, g については、配偶者が相続する場合には不要

　　※ e, f, g については、同居親族が相続する場合には不要

　　※ h, i, j については、被相続人が老人ホーム等に入居していた場合にのみ必要

【特定同族会社事業用宅地等】

k. 特例の対象となる法人の定款

l. 特例の対象となる法人の相続開始の直前における発行済株式の総数又は出資の総額及び被相続人及び被相続人の親族その他被相続人と特別の関係がある者が有するその法人の株式の総数又は出資の総額を記載した書類

【貸付事業用宅地等】

相続開始前3年以内に新たに被相続人等の特定貸付事業の用に供されたものであるときには、被相続人等が相続開始の日まで3年を超えて特定貸付事業を行っていたことを明らかにする書類

② 申告期限までに遺産分割が確定しなかった場合

上記①の書類に加え、「申告期限後3年以内の分割見込書」

なお、外国籍の相続人がいる場合には、印鑑証明書が存在しませんのでサイン証明書等にて代替が可能です。

▷遺産が未分割であることについてやむを得ない事由がある旨の承認申請書提出時

（措規23の2⑨、相規1の6②）

①相続又は遺贈に関し訴えの提起がなされていることを証する書類

②相続又は遺贈に関し和解、調停又は審判の申立てがされていることを証する書類

③相続又は遺贈に関し遺産分割の禁止、相続の承認若しくは放棄の期間が伸長されていることを証する書類

④①から③までの書類以外の書類で財産の分割がされなかった場合におけるそ

87

の事情の明細を記載した書類

▷遺産分割確定後更正の請求書等提出時

① 協議分割

遺産分割協議書等

② 調停又は審判

その調停の調書又は審判書の謄本、その財産が法の規定により相続又は遺贈により取得したものとみなされるものである場合には、その財産の支払通知書等その財産の取得を証する書類

18 取引相場のない株式の評価

Q 被相続人である甲（父）は、甲の兄が経営している同族会社の株式を所有していました。この株式につき未分割申告をする場合における同族株主等の判定方法を教えてください。相続開始直前の株主状況は下記の通りで、相続人は乙（長女）と丙（二女）の2名となります。

【同族会社の株主の状況】

株主名	代表者との関係	役職	株式数	議決権割合
A	本人	代表取締役	3,200	32%
B	長男	専務取締役	6,000	60%
甲	弟	取締役	800	8%
合　計			10,000	100%

A 未分割申告の場合の取引相場のない株式の議決権の判定は、各相続人がその未分割株式のすべてを取得したものとして判定します。

解　説

（1）同族株主等の判定

　下記質疑応答事例にも記載がありますが、遺産未分割の状態は、遺産の分割により具体的に相続財産を取得するまでの間の暫定的、過渡的な状態であり、将来、各相続人等がその法定相続分等に応じて確定的に取得するとは限らないので、その納税義務者につき配当還元方式を採用できるかどうかは、その被相続人の所有株式をすべて相続したものと仮定したうえで判定する必要があります。

第**1**編
未分割の場合の相続税実務

【国税庁質疑応答事例】

遺産が未分割である場合の議決権割合の判定

【照会要旨】

　相続人間で遺産分割協議が整っていない状況で、取引相場のない株式を評価する場合、各相続人に適用されるべき評価方式を判定するに当たって、基礎となる「株式取得後の議決権の数」はどのようになるのでしょうか。

【回答要旨】

　各相続人ごとに、所有する株式数にその未分割の株式数の全部を加算した数に応じた議決権数とします。

（理由）

　取引相場のない株式は、純資産価額方式、類似業種比準方式又はこれらの併用方式により評価することを原則としています（原則的評価方式）が、少数株主が取得した株式については、特例的な措置として配当還元方式により評価することとしています（特例的評価方式）。

　遺産未分割の状態は、遺産の分割により具体的に相続財産を取得するまでの暫定的、過渡的な状態であり、将来、各相続人等がその法定相続分等に応じて確定的に取得するとは限りません。そこで、その納税義務者につき特例的評価方式を用いることが相当か否かの判定は、当該納税義務者が当該株式の全部を取得するものとして行う必要があります。

　なお、「第1表の1　評価上の株主の判定及び会社規模の判定の明細書」の（1. 株主及び評価方式の判定）の「⑦株式数（株式の種類）」欄には、納税義務者が有する株式（未分割の株式を除く。）の株式数の上部に、未分割の株式の株式数を㋱と表示の上、外書で記載し、納税義務者が有する株式の株式数に未分割の株式の株式数を加算した数に応じた議決権数を「⑪議決権数」に記載します。また、「納税義務者の属する同族関係者グループの議決権の合計数（⑤（②／④））」欄には、納税義務者の属する同族関係者グループが有する実際の議決権数（未分割の株式に応じた議決権数を含む。）を記載します。

90

(2) 具体例

　質問における長女乙も二女丙も被相続人甲の800株をお互いすべて取得した
ものとして判定するため、取得後の議決権割合が5％以上となり原則的評価方
式で評価することとなります。

　長女乙の取引相場のない株式の評価明細書第1表の1の記載例は下記の通り
です。株式数の横に㊔を記載する必要があります。

第1編
未分割の場合の相続税実務

第1表の1　評価上の株主の判定及び会社規模の判定の明細書

整理番号 □□□□□□□□

（平成三十年一月一日以降用）

（取引相場のない株式（出資）の評価明細書）

会 社 名	（電　話　　　　　）	本 店 の所 在 地				
代表者氏名		事業内容	取扱品目及び製造、卸売、小売等の区分	業 種 目番 号	取 引 金 額の 構 成 比	
課 税 時 期	年　　月　　日				‥‥‥ %	
直 前 期	自　　年　　月　　日　至　　年　　月　　日					

1．株主及び評価方式の判定

判定要素（課税時期現在の株式等の所有状況）	氏名又は名称	続柄	会社における役職名	ⓘ 株 式 数（株式の種類）	ⓞ議決権数	ⓗ議決権割合（ⓞ/④）
	乙	納税義務者		ⓘ（未）800 株	800 個	8 %
	A	伯父	代表取締役	3,200	3,200	32
	B	従兄弟	専務取締役	6,000	6,000	60

	自己株式					
	納税義務者の属する同族関係者グループの議決権の合計数			② 10,000	⑤ 100	（②/④）100
	筆頭株主グループの議決権の合計数			③ 10,000	⑥ 100	（③/④）100
	評価会社の発行済株式又は議決権の総数		① 10,000	④ 10,000	100	

納税義務者の属する同族関係者グループの議決権割合（⑤の割合）を基として、区分します。

区分の基準割合	筆頭株主グループの議決権割合（⑥の割合）			株主の区分
	50%超の場合	30%以上50%以下の場合	30%未満の場合	
⑤の割合	50%超	30%以上	15%以上	同族株主等
	50%未満	30%未満	15%未満	同族株主等以外の株主

判定	同 族 株 主 等（原則的評価方式等）	同族株主等以外の株主（配 当 還 元 方 式）

「同族株主等」に該当する納税義務者のうち、議決権割合（ⓗの割合）が5%未満の者の評価方式は、「2．少数株式所有者の評価方式の判定」欄により判定します。

2．少数株式所有者の評価方式の判定

	項　目	判 定 内 容
判定要素	㋑ 氏 名	
	㋺ 役 員	である〔原則的評価方式等〕・でない（次の㋩へ）
	㋩ 納税義務者が中心的な同族株主	である〔原則的評価方式等〕・でない（次の㋥へ）
	㋥ 納税義務者以外に中心的な同族株主（又は株主）	がいる（配当還元方式）・がいない〔原則的評価方式等〕（氏名　　　　　　　）
判 定	原則的評価方式等　・　配当還元方式	

92

なお、分割確定後、法定相続分で相続することとなった場合において、乙及び丙が申告期限までに同社の役員に就任しない時は、各議決権割合が5％未満となり特例的評価方式で評価することが可能となります。

第**1**編
未分割の場合の相続税実務

19

未分割申告における延納、物納

Q 未分割申告において納税資金が準備できないときは、延納や物納にて納税することは可能でしょうか？

A 未分割申告であっても延納、物納を実施することは可能です。ただし、延納につき未分割財産を担保提供することは原則としてできません。また、物納については、未分割財産は管理処分不適格財産に該当し物納対象とすることはできません。

解　説

(1) 延納 (相法38、39)

① 制度の概要

　相続税は、金銭で一時に納付することが原則となりますが、相続税額が10万円を超え、金銭で納付することを困難とする事由がある場合には、納税者の申請により、その納付を困難とする金額を限度として、担保を提供することにより、分割払いで相続税を納付することができます。この分割払いの納税方法を延納といいます。

② 要件

　次に掲げる要件を満たす場合に、延納申請をすることができます。

●相続税が10万円を超えること。

●金銭で納付することを困難とする事由があり、かつ、その納付を困難とする金額の範囲内であること。

●延納税額及び利子税の額に相当する担保を提供すること。

　ただし、延納税額が100万円以下で、かつ、延納期間が3年以下である場

合には担保を提供する必要はありません。

●延納申請に係る相続税の納期限又は納付すべき日（延納申請期限）までに、延納申請書に担保提供関係書類を添付して税務署長に提出すること。

③ 未分割申告の場合

　延納の適用を受ける場合には、相続税申告書の提出期限までに延納申請書を提出し、延納税額相当の担保を提供する必要があります。この場合において、担保提供財産が未分割財産であるときは、原則として、担保提供不適格財産として延納申請が却下されることとなります。

（2）物納（相法41、42）

① 制度の概要

　相続税は、金銭一時納付が原則でありますが、例外的に延納が認められています。また、延納によっても金銭で納付することが困難とする事由がある場合には、納税者の申請により、その納付を困難とする金額を限度として一定の相続財産による物納が認められています。

② 要件

　次に掲げるすべての要件を満たしている場合に、物納の許可を受けることができます。

●延納によっても金銭で納付することを困難とする事由があり、かつ、その納付を困難とする金額を限度としていること。

●物納申請財産は、納付すべき相続税の課税価格計算の基礎となった相続財産のうち、次に掲げる財産及び順位で、その所在が日本国内にあること。

順位	物納に充てることのできる財産の種類
第1順位	①　不動産、船舶、国債証券、地方債証券、上場株式等[1] 　※1　特別の法律により法人の発行する債券及び出資証券を含

	み、短期社債等を除く。
	② 不動産及び上場株式のうち物納劣後財産に該当するもの
第2順位	③ 非上場株式等[2]
	※2 特別の法律により法人の発行する債券及び出資証券を含み、短期社債等を除く。
	④ 非上場株式のうち物納劣後財産に該当するもの
第3順位	⑤ 動産

●物納に充てることができる財産は、管理処分不適格財産に該当しないものであること及び物納劣後財産に該当する場合には、他に物納に充てるべき適当な財産がないこと。

●物納しようとする相続税の納期限又は納付すべき日（物納申請期限）までに、物納申請書に物納手続関係書類を添付して税務署長に提出すること。

③ 未分割申告の場合

　物納の適用を受ける場合には、相続税申告書の提出期限までに物納に充てようとする財産の種類及び価額等を記載した物納申請書を提出する必要があります。この場合において、物納申請財産が未分割財産であるときは、この未分割財産は所有権の帰属が確定していない財産であり、管理処分不適格財産として物納申請を却下されることとなります。

【大阪地方裁判所 平成12年10月6日判決】（TAINS・Z888-0590）

　　本件物納申請却下処分当時、本件相続についての遺産分割協議は成立しておらず、これに関する訴訟等も係属中であり、本件物納財産も未分割であったこと、本件物納財産については、共同相続人の一部である原告等のみが物納申請を行っていることが認められ、このような事実関係においては、本件物納財産は基本通達42条関係2（1）ロ及び同ハに該当（筆者注：改正後相続税法施行規則第21

条）するものといえるし、実際にも、遺産分割協議が成立していない段階で相続財産を処分することは通常著しく困難であり、金銭による税納付があったと場合と同等の経済的利益を国において将来現実に確保することは困難であるから、本件物納財産は、「管理又は処分するのに不適当」な財産に該当し、したがって、本件物納申請は却下されるべきものである。

第1編
未分割の場合の相続税実務

申告期限後3年以内の分割見込書

Q 相続税の申告期限までに遺産分割が調わない場合において、遺産分割確定後に配偶者に対する相続税額の軽減等の適用を受けるときは、「申告期限後3年以内の分割見込書」の提出が必要になるかと思いますが、この書類の記載方法や留意点を教えてください。

A 申告期限後3年以内の分割見込書(以下「分割見込書」)は、申告期限までに分割されていない財産につき、その遺産分割が確定した後に、
① 配偶者に対する相続税額の軽減（相法19の2①）
② 小規模宅地等についての相続税の課税価格の計算の特例（措法69の4①）
③ 特定計画山林についての相続税の課税価格の計算の特例（措法69の5①）
④ 特定事業用資産についての相続税の課税価格の計算の特例（旧措法69の5①）
の適用を受ける場合に提出が必要となります。記載方法や留意点については解説を参照してください。

解　説

(1) 記載方法

　分割見込書は「分割されていない理由」「分割の見込みの詳細」「適用を受けようとする特例等」の欄に分かれており、それぞれ下記のような内容を記載することになります。

　なお、「遺産が未分割であることについてやむを得ない事由がある旨の承認申請書」と異なり、分割ができない理由の内容で各種特例の適用ができないということはありません。

① 分割されていない理由

　相続税の申告期限までに財産が分割されていない理由について簡潔に記載します。

（例）

●分割協議不調のため

●遺産のすべての把握ができていないため

●相続人の一部と連絡がとれないため　等

② 分割の見込みの詳細

　分割が見込まれる詳細を記載します。

（例）

●相続人間で協議中のため3年以内には分割が固まる見込み

●相続人の1人が海外赴任中であり帰国次第分割協議をする予定　等

③ 適用を受けようとする特例等

　分割確定後適用するべき特例のすべてに○をします。

第1編
未分割の場合の相続税実務

通信日付印の年月日	（確　認）		番　　号
年　　月　　日			

被相続人の氏名　＿＿＿＿＿＿＿＿＿＿＿＿＿

申告期限後3年以内の分割見込書

　相続税の申告書「第11表（相続税がかかる財産の明細書）」に記載されている財産のうち、まだ分割されていない財産については、申告書の提出期限後3年以内に分割する見込みです。
　なお、分割されていない理由及び分割の見込みの詳細は、次のとおりです。

　　1　分割されていない理由

　　　＿＿＿＿＿＿＿＿＿＿＿＿＿＿＿＿＿＿＿＿＿＿＿＿
　　　＿＿＿＿＿＿＿＿＿＿＿＿＿＿＿＿＿＿＿＿＿＿＿＿
　　　＿＿＿＿＿＿＿＿＿＿＿＿＿＿＿＿＿＿＿＿＿＿＿＿
　　　＿＿＿＿＿＿＿＿＿＿＿＿＿＿＿＿＿＿＿＿＿＿＿＿

　　2　分割の見込みの詳細

　　　＿＿＿＿＿＿＿＿＿＿＿＿＿＿＿＿＿＿＿＿＿＿＿＿
　　　＿＿＿＿＿＿＿＿＿＿＿＿＿＿＿＿＿＿＿＿＿＿＿＿
　　　＿＿＿＿＿＿＿＿＿＿＿＿＿＿＿＿＿＿＿＿＿＿＿＿

　　3　適用を受けようとする特例等

　　⑴　配偶者に対する相続税額の軽減（相続税法第19条の2第1項）
　　⑵　小規模宅地等についての相続税の課税価格の計算の特例
　　　　（租税特別措置法第69条の4第1項）
　　⑶　特定計画山林についての相続税の課税価格の計算の特例
　　　　（租税特別措置法第69条の5第1項）
　　⑷　特定事業用資産についての相続税の課税価格の計算の特例
　　　　（所得税法等の一部を改正する法律（平成21年法律第13号）による
　　　　改正前の租税特別措置法第69条の5第1項）

（資4-21-A4統一）

出典：国税庁ホームページ

（裏）

記 載 方 法 等

　この書類は、相続税の申告書の提出期限までに相続又は遺贈により取得した財産の全部又は一部が分割されていない場合において、その分割されていない財産を申告書の提出期限から3年以内に分割し、①相続税法第19条の2の規定による配偶者の相続税の軽減、②租税特別措置法第69条の4の規定による小規模宅地等についての相続税の課税価格の計算の特例又は③租税特別措置法第69条の5の規定による特定事業用資産についての相続税の課税価格の計算の特例の適用を受けようとする場合に使用してください。

1　この書類は、相続税の申告書に添付してください。

2　「1　分割されていない理由」欄及び「2　分割の見込みの詳細」欄には、相続税の申告期限までに財産が分割されていない理由及び分割の見込みの詳細を記載してください。

3　「3　適用を受けようとする特例等」欄は、該当する番号にすべて○を付してください。

4　遺産が分割された結果、納め過ぎの税金が生じた場合には、分割の日の翌日から4か月以内に更正の請求をして、納め過ぎの税金の還付を受けることができます。また、納付した税金に不足が生じた場合には、修正申告書を提出することができます。

5　申告書の提出期限から3年以内に遺産が分割できない場合には、「遺産が未分割であることについてやむを得ない事由がある旨の承認申請書」をその提出期限後3年を経過する日の翌日から2か月以内に相続税の申告書を提出した税務署長に対して提出する必要があります。

　この承認申請書の提出が期間内になかった場合には、相続税法第19条の2の規定による配偶者の相続税の軽減、租税特別措置法第69条の4の規定による小規模宅地等についての相続税の課税価格の計算の特例及び租税特別措置法第69条の5の規定による特定事業用資産についての相続税の課税価格の計算の特例の適用を受けることはできません。

(2) 留意点

① 当初申告において添付を失念した場合

　未分割申告書を提出する場合において、分割見込書の添付を失念したときは、各種特例の適用を受けることはできません。

　ただし、その添付がなかったことについてやむを得ない事情があると税務署長が認めるときは、当該書類の提出があった場合に限り、各種特例の適用をすることができます（相法19の2④他）。

② 期限後申告における添付の可否

　相続税の期限内申告書を提出しなかった場合において、その申告期限後の申告書提出時に遺産が未分割であるときは、分割見込書を添付することにより、遺産分割確定時の更正の請求等により各種特例の適用を受けることが可能です（相法19の2③他）。

21 遺産が未分割であることについてやむを得ない事由がある旨の承認申請書

Q 「申告期限後3年以内の分割見込書」を相続税の当初申告書に添付した場合において、申告期限から3年を経過する日までに遺産分割等が確定しないときは、「遺産が未分割であることについてやむを得ない事由がある旨の承認申請書」を提出することにより、配偶者に対する相続税額の軽減等各種特例の適用を受けることができるかと思いますが、当該承認申請書の概要や留意点を教えてください。

A 「遺産が未分割であることについてやむを得ない事由がある旨の承認申請書」(以下、「承認申請書」)は、申告期限から3年を経過する日までに遺産分割等が確定しない場合において、後日、遺産分割等が確定した後に

① 配偶者に対する相続税額の軽減(相法19の2①)

② 小規模宅地等についての相続税の課税価格の計算の特例(措法69の4①)

③ 特定計画山林についての相続税の課税価格の計算の特例(措法69の5①)

④ 特定事業用資産についての相続税の課税価格の計算の特例(旧措法69の5①)

の適用を受ける場合に申請、承認が必要となります。この承認申請書の概要や留意点については解説を参照してください。

解 説

(1) 概要

① やむを得ない事情

「申告期限後3年以内の分割見込書」は相続税の当初申告書に添付するだけで税務署長の承認は不要となりますが、承認申請書については、相続又は遺贈に関し訴えの提起がされたことその他のやむを得ない事情がある場合におい

第**1**編
未分割の場合の相続税実務

て、税務署長の承認を受けた場合に限り、その後の配偶者の税額軽減等の各種特例の適用が認められます（相法19の2②）。

　すなわち、承認申請書の名前にもあるように、遺産が未分割であることについてやむを得ない事情が生じている必要があるのです。このやむを得ない事情は相続税法施行令第4条の2第1項において下記の通り限定列挙されています。

相続税法施行令第4条の2第1項	1号	相続又は遺贈に係る法第19条の2第2項に規定する申告期限（以下次項までにおいて「申告期限」という。）の翌日から3年を経過する日において、当該相続又は遺贈に関する訴えの提起がされている場合（当該相続又は遺贈に関する和解又は調停の申立てがされている場合において、これらの申立ての時に訴えの提起がされたものとみなされるときを含む。）
	2号	相続又は遺贈に係る申告期限の翌日から3年を経過する日において、当該相続又は遺贈に関する和解、調停又は審判の申立てがされている場合（前号又は第4号に掲げる場合に該当することとなった場合を除く。）
	3号	相続又は遺贈に係る申告期限の翌日から3年を経過する日において、当該相続又は遺贈に関し、民法第907条第3項（遺産の分割の協議又は審判等）若しくは第908条（遺産の分割の方法の指定及び遺産の分割の禁止）の規定により遺産の分割が禁止され、又は同法第915条第1項ただし書（相続の承認又は放棄をすべき期間）の規定により相続の承認若しくは放棄の期間が伸長されている場合（当該相続又は遺贈に関する調停又は審判の申立てがされている場合において、当該分割の禁止をする旨の調停が成立し、又は当該分割の禁止若しくは当該期

104

| | | 間の伸長をする旨の審判若しくはこれに代わる裁判が確定したときを含む。） |
| | 4号 | 前3号に掲げる場合のほか、相続又は遺贈に係る財産が当該相続又は遺贈に係る申告期限の翌日から3年を経過する日までに分割されなかったこと及び当該財産の分割が遅延したことにつき税務署長においてやむを得ない事情があると認める場合 |

　また、上記4号については、相続税法基本通達19の2-15において具体的にどのような場合がやむを得ない事情に該当するのかが規定されています。

相続税法基本通達 19の2-15	（1）	申告期限の翌日から3年を経過する日において、共同相続人又は包括受遺者の一人又は数人が行方不明又は生死不明であり、かつ、その者に係る財産管理人が選任されていない場合
	（2）	申告期限の翌日から3年を経過する日において、共同相続人又は包括受遺者の一人又は数人が精神又は身体の重度の障害疾病のため加療中である場合
	（3）	申告期限の翌日から3年を経過する日前において、共同相続人又は包括受遺者の一人又は数人が法施行地外にある事務所若しくは事業所等に勤務している場合又は長期間の航海、遠洋漁業等に従事している場合において、その職務の内容などに照らして、当該申告期限の翌日から3年を経過する日までに帰国できないとき
	（4）	申告期限の翌日から3年を経過する日において、相令第4条の2第1項第1号から第3号までに掲げる事情又は（1）から（3）までに掲げる事情が

| | あった場合において、当該申告期限の翌日から3年を経過する日後にその事情が消滅し、かつ、その事情の消滅前又は消滅後新たに同項第1号から第3号までに掲げる事情又は（1）から（3）までに掲げる事情が生じたとき |

　上記規定の通り、やむを得ない事情に該当するか否かは客観的な状況が判断基準とされているように想定されます。例えば、裁判外で弁護士を通じて相続人間で協議している状況が長引いて申告期限から3年を超過してしまうような事例では当該申請が却下されるものと考えられます。

【東京国税不服審判所 平成26年6月2日裁決】（国税不服審判所ホームページ）

　請求人らは、本件相続に係る財産が本件相続に係る申告期限の翌日から3年を経過する日（本件申告期限3年経過日）までに分割されなかったことにつき、租税特別措置法施行令（平成22年3月政令第58号による改正前のもの）第40条の2《小規模宅地等についての相続税の課税価格の計算の特例》第11項の規定により準用される相続税法施行令第4条の2《配偶者に対する相続税額の軽減の場合の財産分割の特例》第1項第4号に規定する「税務署長においてやむを得ない事情があると認められる場合」に該当する旨主張する。

　しかしながら、同号に規定する「税務署長においてやむを得ない事情があると認められる場合」に該当するか否かは、相続に係る財産が当該相続に係る相続税の申告期限の翌日から3年を経過する日において、客観的に遺産分割ができないと認められる状態にあったといえるか否かにより行うことが相当であるところ、本件申告期限3年経過日の前に本件相続に係る共同相続人の範囲や本件相続に係る遺産の範囲は確定していたことが認められ、また、請求人らの遺産分割協議において協議された事項は、①別件第一次相続により取得した預金の一部に係る返済の問題、②本件相続に係る遺産のうち賃貸不動産からの収入の清算等の問題、③本件相続に係る代償金の額の問題（本件相続に係る代償金の額の決定に当た

り、その対象不動産の評価額は算定されていたにもかかわらず、当該価額に納得しない者がいた。）であったと認められる。そうすると、本件においては、本件申告期限3年経過日において、客観的に遺産分割ができないと認められる状態にあったとはいえないから、本件申告期限3年経過日までに分割されなかったことにつき、同号に規定する「税務署長においてやむを得ない事情があると認められる場合」には該当しない。

【高松国税不服審判所 平成19年5月15日裁決】（国税不服審判所ホームページ）

　　請求人は、小規模宅地等についての相続税の課税価格の計算の特例の適用を受けようとする遺産が未分割であることについて、①被相続人が税理士として関与していた法人と原処分庁との間の訴訟が係属中であること、②請求人は自らが当事者となった訴訟事案等を数多く抱えて多忙であったこと、③定期預金等の遺産の一部については分割を了するなど、請求人は分割協議の完了に向けて努力をしていること、④共同相続人の1人が通院加療中であり、同人に対して配慮する必要があったこととの事情があり、これらの事情は相続税の申告期限の翌日から3年以内に遺産の分割ができなかったことについてのやむを得ない事情に該当する旨主張する。

　　しかしながら、請求人主張の事情は、いずれも租税特別措置法第69条の4第4項に規定する「政令で定めるやむを得ない事情がある場合」には該当しないことから、請求人からなされた承認申請を却下した原処分は適法である。

② 提出期限

　承認申請書は、相続税の申告期限後3年を経過する日の翌日から2月を経過する日までに提出しなければなりません。

　なお、この申請は、相続税の申告期限後3年を経過する日の状況が上記①のやむを得ない事情に該当するか否かを確認するものであるため、相続税の申告期限後3年を経過する日の前に提出した場合には、その申請は有効とはならないと考えられますので注意が必要です。

第1編
未分割の場合の相続税実務

③ 提出方法

　承認申請書は、各種特例の適用を受ける相続人等が2人以上のときは各相続人等が連名で申請することになります。ただし、他の相続人等と共同して提出することができない場合は、各相続人等が別々に申請書を提出することもできます。

　なお、この承認申請書は、適用を受けようとする特例の種類（配偶者の税額軽減、小規模宅地等の特例など）ごとに作成する必要があるので注意が必要です。提出先は、申請者の住所地を所轄する税務署ではなく、被相続人の相続開始時の住所地を所轄する税務署となります。

④ 添付書類

　承認申請書には下記の書類を添付しなければなりません（相規1の6②）。

やむを得ない事情の内容	添付書類	具体例
相続又は遺贈に関する訴えの提起がされている場合	訴えの提起がなされていることを証する書類	訴状の写し
相続又は遺贈に関する和解、調停又は審判の申立てがされている場合	和解、調停又は審判の申立てがされていることを証する書類	審判等申立書の写し
相続又は遺贈に関し遺産の分割が禁止され、又は相続の承認若しくは放棄の期間が伸長されている場合	遺産分割の禁止、相続の承認若しくは放棄の期間が伸長されている	期間伸長等に係る決定通知書の写し

108

		ことを証する書類	
税務署長においてやむを得ない事情があると認める場合	共同相続人又は包括受遺者の一人又は数人が行方不明又は生死不明であり、かつ、その者に係る財産管理人が選任されていない場合	財産の分割がされなかった場合におけるその事情の詳細を記載した書類	捜索願、失踪宣告等の写し
	共同相続人又は包括受遺者の一人又は数人が精神又は身体の重度の障害疾病のため加療中である場合		障害者手帳、病院等からの証明書等の写し
	共同相続人又は包括受遺者の一人又は数人が海外勤務等で帰国できない場合		勤務先からの証明書、ビザ、パスポート等の写し
	上記のほか、その他やむを得ない事情がある場合		その事実についての第三者からの証明書、申請者の申立書等

⑤ **承認又は却下**

　税務署長は、承認申請書の提出があった場合において、承認又は却下の処分をするときは、申請者に対し、書面によりその旨を通知します（相令4の2③）。

　なお、承認申請書の提出があった日の翌日から2月を経過する日までにその申請につき承認又は却下の処分がなかったときは、その日においてその承認があったものとみなします（相令4の2④）。

第1編
未分割の場合の相続税実務

税務署
受付印

遺産が未分割であることについてやむを得ない事由がある旨の承認申請書

_____年_____月_____日提出

〒
住　所
（居所）_____

_____税務署長

申請者　氏　名_____

（電話番号　　　　－　　　　－　　　　　）

※欄は記入しないでください。

遺産の分割後、
・配偶者に対する相続税額の軽減（相続税法第19条の2第1項）
・小規模宅地等についての相続税の課税価格の計算の特例
　　　　　　　　　（租税特別措置法第69条の4第1項）
・特定計画山林についての相続税の課税価格の計算の特例
　　　　　　　　　（租税特別措置法第69条の5第1項）
・特定事業用資産についての相続税の課税価格の計算の特例
　（所得税法等の一部を改正する法律（平成21年法律第13号）による改正前の租税特別措置法第69条の5第1項）
の適用を受けたいので、

遺産が未分割であることについて、
・相続税法施行令第4条の2第2項
・租税特別措置法施行令第40条の2第23項又は第25項
・租税特別措置法施行令第40条の2の2第8項又は第11項
・租税特別措置法施行令等の一部を改正する政令（平成21年政令第108号）による改正前の租税特別措置法施行令第40条の2の2第19項又は第22項
に規定する

やむを得ない事由がある旨の承認申請をいたします。

1　被相続人の住所・氏名

住　所_____　氏　名_____

2　被相続人の相続開始の日　平成／令和　_____年_____月_____日

3　相続税の申告書を提出した日　平成／令和　_____年_____月_____日

4　遺産が未分割であることについてのやむを得ない理由

....
....

（注）やむを得ない事由に応じてこの申請書に添付すべき書類
　①　相続又は遺贈に関し訴えの提起がなされていることを証する書類
　②　相続又は遺贈に関し和解、調停又は審判の申立てがされていることを証する書類
　③　相続又は遺贈に関し遺産分割の禁止、相続の承認若しくは放棄の期間が伸長されていることを証する書類
　④　①から③までの書類以外の書類で財産の分割がされなかった場合におけるその事情の明細を記載した書類

○　相続人等申請者の住所・氏名等

住　所（居所）	氏　名	続　柄

○　相続人等の代表者の指定　代表者の氏名_____

関与税理士		電話番号	

通信日付印の年月日	（確認）	名簿番号
※　　年　月　日		

（資4－22－1－A4統一）　（令3.3）

出典：国税庁ホームページ

（裏）

記 載 方 法 等

　この承認申請書は、相続税の申告書の提出期限後３年を経過する日までに、相続又は遺贈により取得した財産の全部又は一部が相続又は遺贈に関する訴えの提起などのやむを得ない事由により分割されていない場合において、その遺産の分割後に①相続税法第19条の２の規定による配偶者に対する相続税額の軽減、②租税特別措置法第69条の４の規定による小規模宅地等についての相続税の課税価格の計算の特例、③租税特別措置法第69条の５の規定による特定計画山林についての相続税の課税価格の計算の特例又は④所得税法等の一部を改正する法律（平成21年法律第13号）による改正前の租税特別措置法第69条の５の規定による特定事業用資産についての相続税の課税価格の計算の特例の適用を受けるために税務署長の承認を受けようとするとき、次により使用してください。

　なお、小規模宅地等についての相続税の課税価格の計算の特例、特定計画山林についての相続税の課税価格の計算の特例又は特定事業用資産についての相続税の課税価格の計算の特例の適用を受けるためにこの申請書を提出する場合において、その特例の適用を受ける相続人等が２人以上のときは各相続人等が「○相続人等申請者の住所・氏名等」欄に連署し申請してください。ただし、他の相続人等と共同して提出することができない場合は、各相続人等が別々に申請書を提出することもできます。

1　この承認申請書は、遺産分割後に配偶者に対する相続税額の軽減、小規模宅地等についての相続税の課税価格の計算の特例、特定計画山林についての相続税の課税価格の計算の特例又は特定事業用資産についての相続税の課税価格の計算の特例の適用を受けようとする人が納税地（被相続人の相続開始時の住所地）を所轄する税務署長に対して、申告期限後３年を経過する日の翌日から２か月を経過する日までに提出してください。

　このため、提出先の「＿＿＿＿税務署長」の空欄には、申請者の住所地（居所）地を所轄する税務署名ではなく、被相続人の相続開始時の住所地を所轄する税務署名を記載してください。

　なお、この承認申請書は、適用を受けようとする特例の種類（配偶者に対する相続税額の軽減・小規模宅地等についての相続税の課税価格の計算の特例・特定計画山林についての相続税の課税価格の計算の特例・特定事業用資産についての相続税の課税価格の計算の特例）ごとに提出してください。このとき｛　｝内の該当しない特例の文言及び条項を二重線で抹消してください。

2　「４　遺産が未分割であることについてのやむを得ない理由」欄には、遺産が分割できないやむを得ない理由を具体的に記載してください。

3　「（注）やむを得ない事由に応じてこの申請書に添付すべき書類」欄は、遺産が分割できないやむを得ない事由に応じて該当する番号を○で囲んで表示するとともに、その書類の写し等を添付してください。

(2) 留意点

① 承認申請書を期限までに提出しなかった場合

　承認申請書を提出期限までに提出しなかった場合には、後日、遺産分割が確定したとしても各種特例の適用は受けることができません。この承認申請には、宥恕規定が存在しないため注意が必要です。

【東京地方裁判所 平成13年8月24日判決】（TAINS・Z251-8961）

　相続税法施行令4条の2第2項（配偶者に対する相続税額の軽減の場合の財産分割の特例）に定める遺産が未分割であることについてやむを得ない事由がある旨の承認申請書の提出期限徒過について、相続税法19条の2第4項の宥恕規定を準用ないし類推適用することはできない。

　当事者の手続上の懈怠についての宥恕の取扱いを明文の規定の有無の違いだけから区別するのは、税務行政の公平を欠くとの納税者の主張が、本来法令の規定によって負担すべきものとされる租税債務の軽減等に関し、当事者の手続上の懈怠について定められた宥恕の規定は、原則に対する例外を定めたものであり、宥恕を認めるべき場合には、手続における恣意的運用を排除した公平な取扱いを行う意味からも、法規に明文をもって規定されるのが通例であり、それ故、明文の規定の有無によって、宥恕の取扱いを異にするのは当然であって、このような取扱いが税務行政の公平を欠くとは到底いえない。

【名古屋国税不服審判所 平成18年5月8日裁決】（国税不服審判所ホームページ）

　請求人は、遺産分割の調停の申立てがされていることを理由として、調停が整い、遺産が分割された後に、小規模宅地等についての相続税の課税価格の計算の特例の適用を受けるために「遺産が未分割であることについてやむを得ない事由がある旨の承認申請書」を提出したところ、原処分庁は、申請期限が徒過してい

るとして承認申請の却下処分をした。

　これに対して、請求人は、申請期限の起算日は、相続税の申告期限の日ではな
く、共同相続人の一人である被相続人の配偶者が死亡したことにより原処分庁か
ら相続税の承継通知があった日とすべきであるから、申請期限を徒過しておら
ず、当該特例の適用を認めるべきであると主張する。しかしながら、当該承認申
請書は、提出期限を徒過して提出されており、また、提出期限までに承認申請書
の提出がなかった場合に税務署長の裁量により申請を認めることができる旨を定
めた法令の規定はないことから、却下処分は適法である。

② 承認申請書の提出を失念した場合の税理士の責任

　下記判決は、承認申請書の提出を失念したことにより納税者から損害賠償請
求をされた税理士が保険会社に対し税賠保険の支払いを求めて請求した事案と
なります。

　承認申請書の提出を失念した場合には、税理士も納税者から損害賠償請求さ
れる可能性が高いため、遺産分割協議が長期化する案件については、定期的に
納税者とコミュニケーションを取るなど期限が徒過しないような工夫が不可欠
となります。

【東京地方裁判所 平成13年1月16日判決】（TAINS・Z999-0064）

　原告（税理士）は、本件税務代理業務に関し、平成4年5月●日、相続税申告
書を作成し、訴外Bらのために申告したが、その後、相続税法19条の2に定めら
れた配偶者に対する相続税の軽減措置（以下「本件軽減措置」という。）の適用
を受けるために提出すべき「遺産が未分割であることについてやむを得ない事由
がある旨の承認申請書」（以下「本件承認申請書」という。）の提出を失念し、そ
の提出期限である平成7年6月●日を徒過した。

　原告は、平成9年3月、本件承認申請書が未提出となっていることに気付き、
訴外B（納税者）にその旨説明するとともに、平成9年3月●日、○○税務署長

に対し、訴外Bらのために本件承認申請書を提出した。

続いて、原告は、同年6月●日、訴外Bらの遺産分割協議に基づき更正の請求書を提出したが、平成10年5月●日、同税務署長から本件承認申請書の却下処分を受けるとともに、同月28日、同税務署長から右更正の請求書について更正すべき理由がない旨の通知を受けた。

原告は、右各処分に対し、○○税務署長に対し却下処分についての異議申立書を提出するとともに、更正すべき理由がない旨の通知についても異議申立書を提出したが、同税務署長は、平成10年10月●日、右2件の異議申立について異議を棄却する旨の決定をした。

訴外Bは、平成10年11月●日ころ、弁護士を代理人として、原告に対し、訴外Bが本件軽減措置を受けられない場合に同人が納付すべき相続税本税額●●●●万円について損害賠償の請求をした。

22 所有者不明土地関連法の改正

Q 所有者不明土地に関する不動産登記法改正、民法改正について教えてください。

A 所有者不明土地の問題を解決すべく「新規の所有者不明土地の発生予防」の観点と「既存の所有者不明土地の利用の円滑化」の観点との両面から、不動産登記法と民法の見直しが行われました。

新規の所有者不明土地の発生予防の観点からは、（1）登記がされるようにするための「不動産登記制度の見直し」として相続登記、住所変更登記の申請義務化と、（2）土地を手放すための制度として「相続土地国庫帰属制度」が創設されました。

（3）既存の所有者不明土地の利用の円滑化の観点からは、「民法の規律の見直し」として所有者不明土地管理制度の創設、共有者不明土地の利用円滑化、長期経過後の遺産分割の見直し等が行われています。

解　説

　所有者に相続が発生し、その相続人が取得した不動産を登記しないケースが多く、誰が所有者であるかわからない「所有者不明土地」が増加しています。総面積は九州の面積と同じくらいといわれ、2040年には北海道の面積程に上るともいわれています。

　この背景としては、相続登記の申請は義務ではなく登記をしない状態で放置していても罰則等がないことや、地方を中心に土地の所有意識が希薄化していること、また、相続による遺産分割をしないまま相続が繰り返され土地所有者がネズミ算式に増加していることなどがあげられます。

第1編
未分割の場合の相続税実務

(1) 不動産登記制度の見直し

　不動産を取得した相続人に対して、相続開始があったことを知り、かつ、所有権を取得したことを知った日から3年以内の相続登記が義務化され、正当な理由がない場合を除き、怠った時にはペナルティとして10万円以下の過料が課されることとなりました。

　また、不動産所有者に住所変更や氏名変更があった場合には、その変更の日から2年以内の変更登記の申請が義務化され、正当な理由がない場合を除き、怠った時には5万円以下の過料が課せられることとなりました。

　その他以下のとおり、登記手続きに関して申請義務を実行しやすくするための環境整備も併せて行われています。

●相続人申告登記の新設

　相続人が、登記名義人の法定相続人である旨を申し出ることで、上記の申請義務を果たすことができるようになります。

●死亡等の事実の公示

　登記官が他の公的機関（住基ネットなど）から死亡等の情報を取得し、職権で登記に表示することが可能となります。

●登記費用負担の軽減

　令和4年度税制改正において、相続登記に対する登録免許税の免税措置の延長・拡充、不動産登記法改正により新設された職権登記（相続人申告登記、住所等変更登記等）への非課税措置の導入が決定されました。

●所有不動産記録証明制度の新設

　特定の者が名義人となっている不動産の一覧を証明書として発行できるようになります。このことによって、相続人にとって、相続登記が必要な不動産の把握が容易になり、登記漏れ防止となります。

(2) 相続土地国庫帰属制度

　所有者不明土地の発生抑制のための政策として、「相続等により取得した土地所有権の国庫への帰属に関する法律」（以下「国庫帰属法」）が制定されることとなりました。この法律は、ある程度の管理ができる土地について、国の審査を経た後に、相応の費用を支払うことで、国に引き取ってもらうことを定めた法律です。

　土地を相続したものの手放したい場合など、相続を契機として望まずに土地を取得した所有者が土地を手放すことのできる制度を創ることで、将来的に土地が所有者不明化し管理不全化することの予防策としています。

　なお、何でもかんでも引き取ってもらえるわけではなく、要件として通常の管理又は処分をするに当たり過分の費用又は労力を要する以下のような土地に該当しないこととされています。

●建物や通常の管理又は処分を阻害する工作物等がある土地
●土壌汚染や埋設物がある土地
●崖がある土地
●権利関係に争いがある土地
●担保権等が設定されている土地
●通路など他人によって使用される土地　　など

　また、審査料として一定の金額がかかるようですが、詳細は今後公表されるはずです。

　さらに、管理料として、土地の性質に応じた標準的な管理費用を考慮して算出した10年分の土地管理費相当額の負担金が徴収されます。当該管理料は、地目、面積、周辺環境等の実情に応じて設定されるようですが、参考例として下記のとおりとなっています。

（参考）　現状の国有地の標準的な管理費用（10年分）は、粗放的な管理で足りる原野約20万円、市街地の宅地（200m²）約80万円

(3) 民法の規律の見直し

① 土地・建物の管理制度の創設

　所有者が不明な土地・建物、管理ができていない状態の土地・建物について、裁判所が関与して管理者を定め、命令を出すことができるように新たな財産管理制度が創設されました。

　これにより、裁判所が選任した管理人は、裁判所の許可のもとに、所有者不明の不動産の売却等が可能となります。

② 不明共有者がいる場合への対応

　相続が発生した場合において、相続人が複数いるときは、不動産について共有関係が発生する可能性が高くなります。さらに、ひとつの土地について二次相続以降にわたって相続が発生すると関係者が多くなり、所有者の確定や持ち分の確定が困難となります。

　そこで、裁判所の関与のもとで不明な共有者に対して公告等を行ったうえで、その他の共有者の同意により共有物の変更行為や管理行為を可能とする制度が創設されました。

　さらに、共有状態を解消するために、裁判所の関与のもとで、不明な共有者の持ち分の価額に相当する額の金銭の供託により、当該不明な共有者の持ち分を取得して、不動産の共有関係を解消する仕組みが創設されました。

③ 遺産分割長期未了状態への対応

　相続後に遺産分割が決まらずに長期間放置された場合には、遺産分割の具体的な相続分に関する証拠等が散逸し、遺産が塩漬けとなり、共有状態の解消が困難となるケースがあります。

そこで、相続開始時から10年を経過した遺産分割は、個別案件ごとの寄与分や特別受益などの異なる具体的な相続分を消滅させ、画一的な法定相続分で簡明に遺産分割を行う仕組みが創設されました。

　なお、10年を経過する前に相続人が家庭裁判所に遺産分割の請求をしたときや、相続開始の時から始まる10年の期間の満了前6か月以内の間に、遺産分割を請求することができないやむを得ない事由が相続人にあった場合は除かれます。

④ 隣地等の利用・管理の円滑化
　隣接地の所有者が不明な場合でも、以下のような土地等の使用について対応できるようにルールが見直されました。
- 隣地の使用
- ガス管や水道管といったライフラインを自己の土地に引き込むための設備の設置
- 竹林の枝の切除及び根の切り取り

第2編

遺言がある場合の争い案件の相続税実務

1

遺言と異なる遺産分割の可否

Q 遺言がある場合において、その遺言の内容と異なる遺産分割をすることは可能でしょうか。

A 遺言がある場合において、その遺言と異なる遺産分割をすることは可能です。ただし、遺言執行者がいる場合にその者の同意がないときは遺言と異なる遺産分割はすることができないものとされています。

解 説

(1) 遺言執行者がいない場合

遺言において遺言執行者を指定しておらず、遺言執行者が選任されていない場合には、相続人全員の同意があれば、その遺言の内容と異なる遺産分割をすることは可能です。また、その遺言と異なる遺産分割が交換、贈与等として課税当局から認定されることもありません。

【国税庁質疑応答事例】

遺言書の内容と異なる遺産の分割と贈与税

【照会要旨】

被相続人甲は、全遺産を丙（三男）に与える旨（包括遺贈）の公正証書による遺言書を残していましたが、相続人全員で遺言書の内容と異なる遺産の分割協議を行い、その遺産は、乙（甲の妻）が1/2、丙が1/2それぞれ取得しました。

この場合、贈与税の課税関係は生じないものと解してよろしいですか。

第**2**編
遺言がある場合の争い案件の相続税実務

【回答要旨】

　相続人全員の協議で遺言書の内容と異なる遺産の分割をしたということは（仮に放棄の手続きがされていなくても）、包括受遺者である丙が包括遺贈を事実上放棄し（この場合、丙は相続人としての権利・義務は有しています。）、共同相続人間で遺産分割が行われたとみて差し支えありません。

　したがって、照会の場合には、原則として贈与税の課税は生じないことになります。

(2) 遺言執行者がいる場合

　遺言書において遺言執行者が指定されている場合には、その遺言執行者が相続財産の管理処分権を有します（民1012）。遺言執行者は委任の規定が準用されるため、遺言と異なる遺言執行をした場合には善管注意義務に違反する可能性があります。

　ただし、この委任準用に当たり、委任者は相続人と考えられるため、相続人全員の合意に基づき遺言内容と異なる遺言執行を委任者である相続人に求められたとしても善管注意義務違反に該当することはないものと考えます。

　結論としては、遺言執行者がいる場合の遺言については、遺言執行者の同意があるときは、その遺言内容と異なる遺産分割が可能であると考えられ、遺言執行者の同意がないときは、遺言に従って各相続人が一旦取得した相続分の全部又は一部について、その後相続人間で贈与や交換するものと判断されることとなり、贈与税等の課税がされることとなります。

2 遺言がある場合の未分割申告の可否

Q 遺言がある場合においても未分割申告をすることはできるのでしょうか？

A 遺言に記載されている内容により未分割申告ができる場合とできない場合が存在すると考えられます。

解 説

(1) 遺言の記載内容は

　遺言の記載内容が、「遺贈」「相続分の指定」「遺産分割方法の指定」はたまた、特定遺贈なのか包括遺贈なのかなどにより、その遺言による財産の処分が直接的に権利移転するものなのか、分割協議を経る必要があるものなのかが変わることとなります。すなわち、直接的に権利が移転する遺言（以下このQにおいて「直接権利移転遺言」）は、未分割申告が不可となり、分割協議を経て権利が移転する遺言（以下このQにおいて「分割協議必要遺言」）は、未分割申告が可能となります。詳しくは、下記図表をご参照ください。

　なお、遺言書に記載されていない財産がある場合には、直接権利移転遺言に該当したとしても、その記載のない財産についての未分割申告は可能となります。

　また、相続人等全員の合意により遺言がなかったものとした場合において、申告期限までに分割が調わなかったときも未分割申告は可能となります。

第**2**編
遺言がある場合の争い案件の相続税実務

No	遺言の類型			記載内容例	遺言の効果	未分割申告の可否
1	遺贈	特定遺贈		A土地を甲に遺贈する。	直接権利移転	×
2		包括遺贈	全部	すべての遺産を甲に遺贈する。	直接権利移転	×
3			割合	すべての遺産の$\frac{2}{3}$を甲に、$\frac{1}{3}$を乙に遺贈する。	分割協議後権利移転	○
4	相続分の指定遺言			すべての遺産を甲及び乙に各$\frac{1}{2}$相続させる。	分割協議後権利移転	○
5	特定財産承継遺言	特定		A土地を甲に相続させる。	直接権利移転	×
6		包括	全部	すべての遺産を甲に相続させる。	直接権利移転	×
7			割合	すべての遺産を甲及び乙に各$\frac{1}{2}$相続させる。	分割協議後権利移転	○

（2）直接権利移転遺言

　この遺言の場合には、遺産分割協議を経ることなく遺産が受遺者に直接権利移転するため未分割という状態にはなり得ません。したがって、遺言の内容を無視して遺産が未分割であるものとして相続税の申告をし、その後その遺言の内容に基づき更正の請求等をしたとしても相続税法第32条における更正の請求の事由には該当しないと考えられるため、その更正の請求等は認められないと考えます。

　すなわち、直接権利移転遺言がある場合において、当初申告要件のある小規模宅地等の特例などを適用しない未分割申告をしたときは、更正の請求等のときに当該各種特例の適用ができないこととなります。

（3）分割協議必要遺言

　この遺言の場合には、割合的に相続分等が指定されているのみであるため、

共同相続人及び包括受遺者間での遺産分割協議が必要となります。その協議が相続税の申告期限までに不調に終わった場合には、遺言があった場合においても未分割申告により相続税の申告書を提出することとなります。

　なお、この場合の未分割申告における計算は、法定相続分ではなく遺言に指定されている相続分を基礎として課税価格を計算することとなります。

　また、その後分割協議が完了した時点で更正の請求等をすることが可能となります。

【東京国税不服審判所　平成17年1月26日裁決】（国税不服審判所ホームページ）

　請求人は、遺言に係る最高裁判決からみて「特定の遺産を共同相続人全員に法定相続分の割合により相続させる」旨の遺言に係る財産は、相続開始とともに当該遺言どおりに帰属が確定しており、相続税法第55条に規定する未分割財産には該当しないから、その財産の分割が確定したとしてなされた同法第35条第3項による更正処分は違法である旨主張する。しかしながら、当該遺言を遺産分割方法の指定と解した場合、遺産の再分割や共有物分割等が余儀なくされるに至るなど不合理な遺産分割の指定ということになり、むしろ、当該遺言に係る被相続人の意思としては、当該遺産を共同相続人全員に対して遺産分割協議による決着を期待していたとみるのが相当であり、また当該遺言により直前の遺言を取り消した行為が最高裁判決における「相続による承継を当該相続人の意思表示にかからせたなどの特段の事情」に当たるとみるのが相当であることからすれば、当該遺言に係る財産は未分割財産に該当し、それを前提としてなされた同法第35条第3項による更正処分は適法である。

第**2**編
遺言がある場合の争い案件の相続税実務

3 特定財産承継遺言の詳説

Q 特定の財産を特定の相続人に「相続させる」旨の遺言、いわゆる特定財産承継遺言の詳細について教えてください。また、「遺贈する」遺言との違いについても教えてください。

A 特定財産承継遺言は、遺産分割を経ることなくその相続人に相続開始とともに直接的に権利が移転すべきものと考えられています（第**2**編**Q2**図表No.5に該当）。また、登記手続き等で「遺贈する」遺言との違いも生じます。

解　説

（1）特定財産承継遺言の解釈

　平成30年相続法改正で、相続させる旨の遺言の名称が、特定財産承継遺言とされ、遺産分割方法の指定と整理されています（民1014）。

　特定財産承継遺言は、遺言の効力発生と同時に所有権が確定的に帰属するという考え方を採用しており、最高裁第二小法廷平成3年4月19日判決（裁判長の名をとって通称「香川判決」ともいいます）に基づくもので、当該判決では、「遺言書において特定の遺産を特定の相続人に「相続させる」趣旨の遺言者の意思が表明されている場合、当該相続人も当該遺産を他の共同相続人と共にではあるが当然相続する地位にあることにかんがみれば、遺言者の意思は、右の各般の事情を配慮して、当該遺産を当該相続人をして、他の共同相続人と共にではなくして、単独で相続させようとする趣旨のものと解するのが当然の合理的な意思解釈というべきであり、遺言書の記載から、その趣旨が遺贈であることが明らかであるか又は遺贈と解すべき特段の事情がない限り、遺贈と解すべ

128

きではない。」と判示されています。

　また、特定財産承継遺言において、相続させる旨の指定を受けた相続人の取得額が法定相続分を超える場合には、その特定財産承継遺言は相続分の指定を伴う遺産分割方法を指定したものと解されます。

　この場合、法定相続分を超える部分については、登記を備えなければ第三者に対抗することができなくなりました（民899の2①）。

(2) 特定財産承継遺言と遺贈の相違点

　特定財産承継遺言と遺贈では、実務上下記のような違いが生じます。

① 登記手続き

　特定財産承継遺言は、相続人が単独で登記申請が可能となります（不登63②）。遺贈は、遺言執行者がいる場合には、受遺者と遺言執行者の共同申請となり、遺言執行者がいない場合には、受遺者と相続人全員との共同申請となります（不登60）。

② 借地権・賃借権

　特定財産承継遺言は、賃貸人の承諾が不要となり、遺贈は、賃貸人の承諾が必要となります（借地借家19、民612①）。

　なお、以前は特定財産承継遺言の方が登録免許税が軽課であったり、遺産に農地がある場合に農業委員会の許可が不要である点などが特定財産承継遺言のメリットとして挙げられていましたが、現状は上記①及び②のみの違いとなっています。

第**2**編
遺言がある場合の争い案件の相続税実務

4 遺留分侵害額請求が されている場合の相続税申告

Q 遺留分侵害額請求は元々遺留分減殺請求という名称の制度でしたが、相続法改正の経緯や改正内容について教えてください。また、遺留分侵害額請求がされている場合の相続税申告は、相続税法第55条による未分割申告とすべきでしょうか？

A 遺留分侵害額請求に関する相続法改正の詳細については、**解説**を参照してください。また、遺留分侵害額請求がされている場合には、その請求が無いものとして遺言書に基づき相続税申告をすることとなります。すなわち、未分割申告とはなりません。

解　説

（1）相続法改正について

① 改正前の問題点

　改正前の遺留分減殺請求制度の問題点は主に下記と考えられていました。

▷遺留分減殺請求による遺産の共有化
▷遺留分算定上の相続人に対する生前贈与の遡り期間が無制限

▷遺留分減殺請求による遺産の共有化

　旧制度では、遺留分に関する権利を行使すると、遺留分を侵害する遺贈又は贈与の全部又は一部が無効となり、遺産が遺留分権利者と受遺者等の共有状態となっていました。共有となってしまうと受遺者等が遺産を自由に使用収益できずに、遺言者の意思が適切に反映されないという問題が起こります。

　特に事業承継においては、事業用財産や非上場株式につき後継者である相続

人と後継者以外の相続人とで共有になってしまうと、経営上大きな弊害になってしまいます。

▷**遺留分算定上の相続人に対する生前贈与の遡り期間が無制限**

遺留分の算定の基礎となる財産を算出するに当たり、相続人に対する生前贈与の遡り期間に制限がなく、数十年前の生前贈与も遺留分算定上の財産に含める仕組みとなっていました。受遺者等の法的安定性の観点から問題があると考えられていました。

② **改正内容**

上記①のような遺留分減殺請求の問題点を解消するために、下記のような改正がされました。

▷遺留分権利者が有する権利を金銭債権化
▷遺留分算定方法の明確化

▷**遺留分権利者が有する権利を金銭債権化**

改正前は遺留分減殺請求が行使されると遺産の共有が生じてしまうという問題が起きていましたので、その問題を解消するために、遺留分侵害額請求をしたとしても遺産は共有にならず、遺留分権利者が遺留分侵害額請求により受遺者等に対して遺留分侵害額相当の金銭を請求する権利を付与することとしました。改正後は、遺留分侵害の原因となった遺贈や贈与の効力は維持することとなるので、減殺という用語ではなく侵害という用語に改められました。

これにより遺産の共有問題は解決しました。

ただ、実務では受遺者等が遺留分相当の金銭を準備しないといけないため遺産を売却せざるを得ないなど新たな問題も発生しています。

▷**遺留分算定方法の明確化**

改正前の問題点であった相続人に対する生前贈与の遡り期間については、無制限から原則10年に改正されました。これにより、10年超前にされた贈与等については原則として遺留分算定の基礎財産には含まれなくなりました。ただ

し、被相続人及び受遺者等が遺留分権利者に損害を加えることを知って贈与をしたときは、10年前の贈与であっても遺留分算定の基礎財産に含める必要があります。

③ 改正相続法の施行日

令和元年7月1日以降の相続開始案件から新しい遺留分制度が適用されます。

(2) 遺留分侵害額請求とは

① 遺留分割合

被相続人は、遺産を自分の意思で自由に配分することができますが、民法は相続人の最低限の取り分を認めています。これを遺留分といいます。具体的な遺留分の割合は下記の通りです（民1042①）。

順位	遺留分権利者	遺留分
第1順位	配偶者及び子	1/2
	子のみ	
第2順位	配偶者及び直系尊属	1/2
	直系尊属のみ	1/3
第3順位	配偶者及び兄弟姉妹	1/2 （配偶者のみ）
	兄弟姉妹のみ	遺留分なし
上記以外	配偶者のみ	1/2

兄弟姉妹には遺留分の権利はありません。なお、代襲相続において遺留分の規定が準用されていますので、代襲相続であっても遺留分は認められることとなります（民1042②）。

② 遺留分算定の基礎となる財産

遺留分算定基礎財産の価額は下記算式により計算します（民1043）。

相続財産の価額＋贈与の価額－相続債務の額

各計算要素の詳細は下記の通りです。

a. 相続財産の価額

相続財産の価額は被相続人が相続開始時に有していた財産の合計額です。

遺贈対象の財産もこの相続財産の価額に含めます。

相続財産の評価時点については、理論的には下記の3つの時点が想定されます。

●相続開始時

●遺留分侵害額請求時

●遺留分確定時

上記のうち、相続開始時を基準日として相続財産の価額を把握するという考え方が一般的です。

b. 贈与の価額

遺留分算定基礎財産に含めるべき贈与は下記の通りです（民1044）。

(a) 相続人に対する贈与

・相続開始前10年間にされた特別受益に該当する贈与

・被相続人及び受遺者等が遺留分権利者に損害を加えることを知ってした贈与

(b) 相続人以外に対する贈与

・相続開始前1年間にされた贈与

・被相続人及び受遺者等が遺留分権利者に損害を加えることを知ってした贈与

贈与財産の評価時点については、理論的には下記の4つの時点が想定されます。

●贈与時

●相続開始時

●遺留分侵害額請求時

●遺留分確定時

上記のうち、相続開始時を基準日として贈与財産の価額を把握するという考え方が一般的です。

なお、相続税の3年以内贈与加算や相続時精算課税贈与については贈与時の価額を使用しますので注意が必要です。

c. 相続債務の額

被相続人に係るすべての債務を控除します。この債務には公租公課等は含めますが、相続財産に係る相続税や維持管理に係る費用は含まれません。

また、連帯債務は被相続人の負担部分を限度として債務として控除します。

③ 遺留分の行使

・行使方法

侵害額請求の行使は、必ず訴えの方法によることは要しませんので、相手方に対して口頭で意思表示をしても良いとされています。ただ、実務上は、配達証明付内容証明郵便で行使するのが一般的です。

・行使期間

侵害額請求の行使期間は、遺留分権利者が、相続の開始及び遺留分を侵害する贈与又は遺贈があったことを知った時から1年か、相続開始時から10年を経過したときのいずれかのときまでにしなければ遺留分の権利が消滅します（民1048）。

・受遺者又は受贈者の負担の順序

遺留分侵害に係る遺贈や贈与が複数ある場合には、相続開始時に近いものから侵害額請求の対象とします。過去の判例では、遺贈⇒死因贈与⇒生前贈与の順番で負担されるべきと判示しています（東京高等裁判所平成12年3月8日判決）。

(3) 相続税実務

① 相続税申告

　遺留分侵害額請求権の行使がされている場合の相続税申告については、その遺留分侵害額請求がされていない場合における各相続人の相続分を基礎として課税価格を計算します（相基通11の2‐4）。すなわち、相続税法第55条による未分割申告とはなりません。

　なお、遺留分減殺請求がされている案件で未分割申告として処理をしたことにより小規模宅地等の特例の適用が受けられず、受任税理士が納税者から訴えられた事案も存在するため注意が必要です。

【東京地方裁判所　平成30年2月19日判決】（TAINS・Z999‐0172）

1　本件は、亡Aの相続人である原告が、その相続に係る相続税申告手続において、遺言執行者であった被告Y1（弁護士）及び担当税理士であった被告Y2に善管注意義務違反があり、これにより損害を受けた旨を主張して、債務不履行に基づく損害賠償として、被告らに対し、連帯して、309万4,900円及び遅延損害金の支払を求めるとともに、被告Y1に対し、7万2,600円及び遅延損害金の支払を求める事案である。

2　認定事実によれば、被告Y2は本件相続に係る相続税申告業務につき、原告、訴外D及び訴外Eの税務代理権限は与えられていたものの、訴外B及び訴外Cの税務代理権限は有していなかったこと、相続税申告書が提出された平成26年8月頃の時点では、遺言により訴外Aの全財産を原告が相続するものとされる一方、訴外B及び訴外Cからは遺留分減殺請求がされており、かつ、相続税申告期限（同月11日）が切迫しつつある状況にあったこと、相続財産中には小規模宅地等の特例の適用対象となり得る不動産が含まれていたことなどの事情が認められる。

3　そのような状況下において相続税申告業務を行う税理士は、①小規模宅地等の特例を適用することなく法定相続分に従った共同相続として申告を行い、同

時に「申告期限後3年以内の分割見込書」を提出することにより、後日の更正請求を可能にしておく、②遺留分減殺請求を考慮することなく遺言により全財産を相続したものとして申告し、小規模宅地等の特例を適用した上で、遺留分減殺が解決した後に更正請求をする、のいずれかの方法を選択することになるものと解され、被告Y2は①の方法を選択したものと考えられる。

4　もっとも、上記事実関係の下では、①の方法は②の方法と比較してリスクが高かったというべきであり、これを採用するのであれば、当該リスクの存在について十分に説明した上で原告の同意を得て行う必要があったというべきである。

5　原告は、法定相続人らの共同相続として申告され、一定額の相続税を納付するとの内容の申告書に押印しており、その内容も一定程度は把握していたものと認められる（原告本人）。もっとも、遺留分減殺請求がされている状況下における相続税申告を共同相続として行うか否か、申告時において小規模宅地等の特例を適用するか否か、その適用の有無により課税額にどのような差異が生じるのかなどの点は、いずれも専門的知見に基づく判断を要するものであり、特段の知識を有していない一般人である原告においては、専門家である被告Y2の作成した申告書の当否につき独自に判断することは困難と考えられるし、上記①の方法を採用することによるリスクの存在及び内容等について十分な説明がされていたとも認め難いのであるから、上記押印の事実から直ちに、原告が上記①の方法を採用することに同意していたものと認めることはできない。

6　以上の事実関係の下では、被告Y2が上記①の方法を採用したことは不適切であり、相続税申告手続を受任した税理士としての善管注意義務に違反する行為であったというべきである。なお、被告Y1が、被告Y2の採用した上記①の方法に沿って納税業務を行ったことが原告に対する善管注意義務違反に当たるとは認められない。

7　原告には、訴外B分及び訴外C分の相続税相当額である130万4,200円の損害が生じているものと認められ、被告Y2は原告に対し、その損害賠償義務を負う。また、F税理士の相当な報酬額は、更正請求減額（352万1,300円）の10パーセントである35万2,130円と認められ、その損害はその全額が原告につき

発生したものと認められる。

8　被告Y1は、訴外B及び訴外C分の延滞税及び加算税として7万2,600円を相続財産から支出しているところ、支出行為は遺言執行者としての善管注意義務違反に当たり、被告Y1は原告に対し、同額の損害賠償義務を負う。

② 配偶者の税額軽減

　遺言により配偶者が相続した財産について遺留分侵害額請求がされていたとしても上記①の通り未分割申告とはならないため、当該財産については当初申告において配偶者の税額軽減を適用することができます。

③ 小規模宅地等の特例

　遺言により相続した小規模宅地等の特例対象宅地等につき遺留分侵害額請求がされている場合にあっても、その宅地等は未分割財産とはならないため、当初申告において小規模宅地等の特例の適用を受けることができます。なお、当初申告において小規模宅地等の特例を適用しなかった場合において、遺留分侵害額の請求に基づき支払うべき金銭の額が確定したときは、更正の請求等により当該特例の適用を受けることができないので注意が必要です。

第**2**編
遺言がある場合の争い案件の相続税実務

5 遺言無効訴訟が提起されている 場合の相続税申告

> **Q** 父は長男に対しすべての財産を相続させる旨の公正証書遺言を残して死亡しました。本件相続の相続人は長男と二男の二人であり、その二男が相続税の申告期限前にその遺言が無効である訴えを提起しています。この場合、相続税申告は相続税法第55条の未分割申告として法定相続分により課税価格を計算すべきでしょうか。
>
> ---
>
> **A** 長男は、公正証書遺言という法形式的には有効な遺言により相続財産を取得しているため、その遺言に基づいて相続税申告をする必要があります。すなわち、未分割申告をすることはできません。

解　説

(1) 相続税申告の実務

　遺言無効訴訟が提起されている場合の相続税申告については、相続税法第55条に規定する「分割されていないとき」には該当しないため、その遺言に基づき課税価格を計算します（相基通11の2－4）。その後、仮に、その遺言書について無効の判決が確定した場合には、長男は更正の請求、二男は期限後申告等をすることができます（相法30①、相法32①六、相令8②一）。

(2) 小規模宅地等の特例

　遺言により相続した小規模宅地等の特例対象宅地等につき、遺言無効訴訟が提起されている場合にあってもその宅地等は未分割財産とはならないため、当初申告において小規模宅地等の特例の適用をすることができます。

なお、当初申告において小規模宅地等の特例を適用しなかった場合におい
て、遺言無効裁判が決着し、当初申告通りその特例対象宅地等を相続すること
になったとしても、更正の請求等により当該特例の適用を受けることができな
いので注意が必要です。

　また、特例対象宅地等が複数あるときは、相続税の申告書に特例対象宅地等
を取得した相続人全員の同意を証する書類を添付する必要があります。

　なお、遺言がある争い案件の場合には、他の相続人から当該同意を受けるこ
とが難しいこともあり得ます。このような場合において、同意を証する書類を
提出できなかったときに、手続き不備として小規模宅地等の特例の適用が認め
られなかった事例も存在します。

【東京高等裁判所 平成29年1月26日判決】(TAINS・Z267-12970)

1　本件は、相続人の一人である控訴人が、相続財産中の土地の持分（R区土地
　相続分）について、被相続人と生計を一にしていた控訴人の事業の用に供され
　ていた宅地等であるとして、措置法69条の4第1項に規定する小規模宅地等に
　ついての相続税の課税価格の計算の特例（本件特例）の適用があるものとして
　他の相続人の同意書（選択同意書）を添付せずに相続税の申告書を提出したと
　ころ、小石川税務署長から、本件特例の適用は認められないとして、更正処分
　等を受けたため、その取消しを求める事案である。

2　当裁判所も、控訴人の請求は理由がないものと判断する。その理由は、一部
　補正するほか、原判決「事実及び理由」第3に記載のとおりであるから、これ
　を引用する。

3　措置法69条の4第1項は、選択特例対象宅地等を、本件特例を受けようとす
　る個人の取得に係る特例対象宅地等の中から選択したものではなく、同一の被
　相続人に係る全ての相続人等に係る全ての特例対象宅地等の中から選択したも
　のとしている。これは、相続税の課税価格の計算に係る特例である本件特例に
　おいても、同一の被相続人等に係る相続人等が特例対象宅地等のうちそれぞれ
　異なるものを選択して相続税の課税価格を確定することができない結果となる

第**2**編
遺言がある場合の争い案件の相続税実務

ことがないよう、全ての相続人等の間において、選択する特例対象宅地等が同一のものとなることを前提としているからであると解される（原審判決引用）。

4　R区土地相続分は、相続させる旨の遺言により被控訴人が取得した（前提事実）。Q市土地相続分は、相続税の申告期限の時点において未分割財産であり、被相続人の共同相続人である本件相続人らの共有に属していたことになるから、相続により、R区土地相続分及びQ市土地相続分から成る特例対象宅地等を取得したのは、本件相続人ら全員ということになる。したがって、本件相続において、特例対象宅地等の選択をして本件特例の適用を受けるためには、特例対象宅地等を取得した全ての相続人である本件相続人らの選択同意書を相続税の申告書に添付してしなければならないということになる（措置法施行令40条の2第3項本文）（原審判決引用）。

5　控訴人は、本件申告において、本件相続人らの選択同意書を添付していないのであるから、R区土地相続分について、本件特例を適用することはできないというべきである（原審判決引用）。

6　控訴人は、特例対象宅地等を相続させる旨の遺言が存在する場合において、遺言の有効性について争いがあるときは、選択同意書の取得ができないことがほとんどであるから、申告時点での選択同意書の添付を要件とすると、本件特例の適用を実質的に排除することになり、同要件は、技術的細目要件としての機能を超えて、実体要件としての機能を有するに至ってしまうとして、措置法施行令40条の2第3項3号は、相続させる旨の遺言の対象となった特例対象宅地等に対し適用される限りにおいて、租税法律主義（憲法84条）に違反した違憲無効な規定となる旨を主張する。

7　しかしながら、措置法施行令40条の2第3項は、措置法69条の4第1項を受けて、特例対象宅地等のうち、本件特例の適用を受けるものの選択は、特例対象宅地等を取得した個人が1人である場合を除き、当該特例対象宅地等を取得した全ての個人の選択同意書を相続税の申告書に添付することを定めているのであるから、措置法69条の4第1項に規定する「政令で定めるところにより選択」との文言を受けて、その委任に基づき具体的手続を定めた規定であることが明らかである。そして、本件遺言のように相続させる旨の遺言がされた場合

140

に必ず上記のような紛争が生じるともいえないし、他方で、共同相続人間で特例対象宅地等の選択に関する同意がまとまらないという事態は様々な理由により一般的に生じ得るものであることからすれば、本件のような場合に選択同意書の取得を要求することで本件特例の適用が妨げられる可能性があるからといって、選択同意書の提出を要求する措置法施行令40条の2第3項3号が、租税法律主義（憲法84条）に違反するとはいえない。

第**2**編
遺言がある場合の争い案件の相続税実務

6 停止条件付遺言がある場合の
相続税申告

Q 甲は孫乙（相続人ではない）に対して、「乙が大学へ入学した場合に遺産の半分を遺贈する」という内容の遺言を残して、乙が中学生のときに死亡しました。このような停止条件付遺言がある場合における相続税申告の方法について教えてください。

A 停止条件付遺贈については、相続税法上その停止条件が整った段階で遺贈の効力が生じるものとされています。したがって、「条件が整ったときに乙が受遺すべき財産」は、当初申告において相続人が未分割財産として相続税申告書を提出することとなります。

解　説

（1）停止条件付遺贈による財産の取得時期と申告書の提出期限

　停止条件付遺贈でその条件が遺贈をした者の死亡後に成就するものである場合の財産の取得時期は、その条件が成就した時とします（相基通1の3・1の4共－9）。また、停止条件付遺贈によって財産を取得した者の相続税申告書の提出期限における「相続の開始があったことを知った日」とは、当該条件が成就した日となります（相基通27－4（9））。

　したがって、質問のケースの場合には、孫乙が大学に入学したときにはじめて相続税の納税義務者となり、大学入学から10か月以内に相続税の申告書を提出する必要が生じます。

　なお、この場合において相続財産の評価基準時は、孫乙の大学入学時ではなく甲の相続開始日となりますので注意が必要です（相基通27－4（注））。

(2) 停止条件付遺贈があった場合の課税価格の計算

　停止条件付の遺贈があった場合において当該条件の成就前に相続税の申告書を提出するときは、当該遺贈の目的となった財産については、相続人が民法に規定する相続分によって当該財産を取得したものとしてその課税価格を計算するものとします（相基通11の2−8）。ただし、当該財産の分割があり、その分割が当該相続分の割合に従ってされなかった場合において、当該分割により取得した財産を基礎として申告があったときは、その申告を認めても差し支えないものとされています（相基通11の2−8）。

　甲の相続人が停止条件付遺贈に係る財産につき未分割申告をした後、孫乙が大学へ入学し停止条件が成就した場合において、孫乙がその財産を遺贈により取得したときは、甲の相続人は、その条件が成就した日の翌日から4か月以内に更正の請求をすることができます（相法32①六、相令8②三）。

第3編

遺産分割等が確定した場合の相続税実務

第1章

国税通則法における更正の請求

1 国税通則法における更正の請求の概要

Q 国税通則法における更正の請求について、その趣旨などの概要を教えてください。

A 更正の請求の制度は、申告納税方式による国税の納税者が、その法定申告期限後において、当初申告納付を行い自己で確定させた税額について、過大、もしくは還付金が過少であることを納税者側から更正することを請求しうることを可能とし、納税者の権利・利益の救済をすることを趣旨としています。

解　説

(1) 更正の請求の趣旨

国税通則法第23条における更正の請求には、第1項に規定する納税申告書に記載をした課税価格又は税額に誤りがあったことによる更正の請求（以下、この章において「一般的な更正の請求」という。**第3編Q2**参照）と、第2項に規定する後発的事由によって課税価格又は税額の計算の基礎となった事実に変動が生じたことによる更正の請求（以下、この章において「後発的事由による更正の請求」という。**第3編Q3**参照）があります。

一般的な更正の請求については納税者が申告納付時に単純な計算ミスなどに

よって過大に税額を納付してしまった場合において、後発的事由による更正の請求については予知せぬことにより申告内容を変更しなければならない事由が生じた場合において、減額すべきことを税務署長に請求することができるとされています。

これら更正の請求は、過去の申告内容を納税者に有利に是正することを税務署長に求めて、納税者側から更正することを請求し得ることを可能とし、納税者の権利・利益を救済することを趣旨としています。

ただし、この請求し得るという点で、更正の請求は、納税者が税務署長に対しその是正を請求する権利（請求権）を行使する手続きにとどまっています。これは、更正の請求権自体が、税額を是正し確定させる効力を持っていないことを表しています。この点で、修正申告とは異なります。

この理由は、更正の請求に対して、修正申告と同様に納税者に対して税額等を確定し得る変更権を与えた場合には、修正申告と異なり減額修正であることから、国税の徴収の安定が得られないばかりか、悪質な納税者によって徴収回避が行われるおそれがあることによります。

(2) 更正の請求ができる者

更正の請求を行うことができる者は、納税申告書の提出者です。この更正の請求を行うことができる者の中には、申告書を提出した当事者が亡くなった場合のその相続人や包括承継者も含まれています。これは、更正の請求が規定されている国税通則法第23条には直接記載がされていませんが、同法第19条（修正申告）の括弧書きにおいて「以下第二十三条第一項及び第二項（更正の請求）において同じ。」の旨が規定されていますので注意が必要です。

(3) 更正の請求の期限

更正の請求の期限は、その申告書の国税の法定申告期限から5年以内とされ

ています。平成23年12月に行われた国税通則法の改正により、更正の請求の期限は、その申告書の「法定申告期限から1年以内」から「法定申告期限から5年以内」に大きく延長されました。

なお、更正の請求の期限延長とともに、課税の公平の観点から税務署による増額更正が可能な期間についても3年から5年に延長されています（通法70）。

（4）更正の請求に係る税務署の処理

① 通知

税務署長は、更正の請求があった場合には、その請求に係る課税標準等又は税額等について調査し、更正をし、又は更正をすべき理由がない旨をその請求をした者に通知します（通法23④）。

なお、更正の請求をした日から、おおよそ3か月程度で更正通知書が請求者に届き、還付を受けることができます。

② 徴収の不猶予

更正の請求があった場合においても、税務署長は、その請求に係る納付すべき国税（その滞納処分費を含む）の徴収を猶予しません。

ただし、税務署長において相当の理由があると認めるときは、その国税の全部又は一部の徴収を猶予することができるとされています（通法23⑤）。

第**3**編
遺産分割等が確定した場合の相続税実務

2

一般的な更正の請求

Q 相続税の期限内申告書を提出した後に、その申告に係る課税価格の計算にミスがあり、課税価格が過大であった場合の更正の請求について教えてください。

A 国税通則法第23条第1項の規定による「一般的な更正の請求」に該当し、その相続税の期限内申告書の提出期限から5年以内に限り、税務署長に対して更正の請求を行うことができます。

解　説

　納税申告書を提出した者は、その申告書に記載した課税標準等もしくは税額等の計算が国税に関する法律の規定に従っていなかったこと又はその計算に誤りがあったことにより、次の(1)から(3)のいずれかの事由に該当する場合には、その申告書に係る国税の法定申告期限から5年以内に限り、税務署長に対して、その申告に係る課税標準等又は税額等につき更正の請求をすることができます（通法23①）。

　(1)　その申告書の提出に係る納付すべき税額が過大であるとき

　(2)　その申告書に記載した純損失等の金額が過少であるとき、又は純損失等の金額の記載がなかったとき

　(3)　その申告書に記載した還付金の額が過少であるとき、又は還付金の額の記載がなかったとき

　当該規定の前提として、上記(1)から(3)の各事由に該当するだけではなく、前文の「課税標準等もしくは税額等の計算が国税に関する法律の規定に従っていなかったこと又はその計算に誤りがあったこと」の要件を満たしている必要が

150

第1章
国税通則法における更正の請求

あります。これは、例えば当初申告では小規模宅地等の特例を適用しないで申告し、その後に小規模宅地等の特例を適用することで当初申告よりもその相続税額が減少することが判明したからといっても、更正の請求を行うことはできないということです。小規模宅地等の特例を適用するか否かは納税者の選択によるものであり、法律の規定に従っていないわけでも計算誤りでもないため、そもそも更正の請求の対象とはしないということを表しています。

　なお、小規模宅地等の特例については、上述のとおり当初申告からの適用が要件となっていますが、下記規定については、平成23年度改正において当初申告要件が廃止され、その後においても適用を行うことが可能となりました。

① 配偶者に対する相続税額の軽減の規定（相法19の2①）
② 贈与税の配偶者控除（相法21の6）
③ 相続における特定贈与財産の控除（相令4）

第**3**編
遺産分割等が確定した場合の相続税実務

3

後発的事由による更正の請求

Q 共同相続人間で成立した遺産分割協議に基づき相続税の期限内申告書を
提出した後に、他の相続人からその遺産分割協議無効の訴えの提起をさ
れ、同訴訟において無効である旨の判決が確定した場合の更正の請求について
教えてください。

A 国税通則法第23条第2項の規定による「後発的事由による更正の請求」
に該当し、その事由が生じた日の翌日から2か月以内に限り、税務署長
に対して更正の請求を行うことができます。

解　説

　納税申告書を提出した者又は決定を受けた者は、次の(1)から(3)のいずれかの
事由に該当することにより、申告に係る税額等が過大となった場合などには、
各事由が生じた日の翌日から2か月以内に限り、更正の請求をすることができ
ます（通法23②）。

(1)　その申告、更正又は決定に係る課税標準等又は税額等の計算の基礎となっ
た事実に関する訴えについての判決（判決と同一の効力を有する和解その他の
行為を含む）により、その事実が当該計算の基礎としたところと異なること
が確定したとき

(2)　その申告、更正又は決定に係る課税標準等又は税額等の計算に当たってそ
の申告をし、又は決定を受けた者に帰属するものとされていた所得その他課
税物件が他の者に帰属するものとする当該他の者に係る国税の更正又は決定
があったとき

(3)　その他当該国税の法定申告期限後に生じた上記(1)及び(2)に類する国税通則

152

第1章
国税通則法における更正の請求

法施行令第6条で定めるやむを得ない理由があるとき

この後発的な事由による更正の請求は、申告書の提出後において、その申告時においては予知し得なかった事態その他やむを得ない事由が生じたことにより、遡って税額の減額等を行うべきこととなった場合に、これを税務官庁の一方的な更正処分に委ねるのではなく、納税者側からもその更正を請求し得ることとして、納税者の権利救済を図る道をさらに広げるものです。

これによって、更正の請求の期間は、一般的な更正の請求の期限である5年以内とされている期間の後であっても、各事由が生じた日の翌日から2か月以内に限り、後発的な事由による更正の請求が認められることとされています。

なお、上記(3)における「国税通則法施行令第6条で定めるやむを得ない理由」とは以下のとおりです。

① その申告等に係る課税標準等又は税額等の計算の基礎となった事実のうちに含まれていた行為の効力に係る官公署の許可その他の処分が取り消されたこと。

② その申告等に係る課税標準等又は税額等の計算の基礎となった事実に係る契約が、解除権の行使によって解除され、もしくは当該契約の成立後生じたやむを得ない事情によって解除され、又は取り消されたこと。

③ 帳簿書類の押収その他やむを得ない事情により、課税標準等又は税額等の計算の基礎となるべき帳簿書類その他の記録に基づいて国税の課税標準等又は税額等を計算することができなかった場合において、その後、当該事情が消滅したこと。

④ 租税条約に規定する権限のある当局間の協議により、その申告等に係る課税標準等又は税額等に関し、その内容と異なる内容の合意が行われたこと。

⑤ その申告等に係る課税標準等又は税額等の計算の基礎となった事実に係る国税庁長官通達法令解釈等が、更正又は決定に係る審査請求もしくは訴

153

えについての裁決もしくは判決に伴って変更され、変更後の解釈が国税庁長官により公表されたことにより、当該課税標準等又は税額等が異なることとなる取扱いを受けることとなったことを知ったこと。

第1章 国税通則法における更正の請求

更正の請求の手続き

Q 更正の請求を行う場合の手続きについて教えてください。

A 更正の請求を行う場合には、その請求をしようとする者は、その請求前後の課税価格などを記載した「更正の請求書」を税務署長に提出しなければなりません。
また、その請求をしようとする者は、その更正の請求を行う理由の基礎となる「事実を証明する書類」を更正の請求書に添付しなければなりません。

―― 解 説 ――

(1) 更正の請求書の提出

更正の請求を行おうとする者は、その請求に係る更正前の課税標準等又は税額等、当該更正後の課税標準等又は税額等、その更正の請求をする理由、当該請求をするに至った事情の詳細その他参考となるべき事項を記載した更正請求書を税務署長に提出しなければなりません(通法23③)。

(2) 事実を証明する書類の添付

更正の請求をしようとする者は、その更正の請求をする理由が課税標準である課税価格が過大であることなどの理由の基礎となる事実について、「その理由の基礎となる事実を証明する書類」を上記 (1) の更正請求書に添付しなければなりません(通令6②)。
具体的にいうと、未分割財産について、遺産分割協議が調ったことなどによ

り当初申告における相続分による課税価格が過大となった場合において、更正の請求を行うときは、遺産分割協議書をその理由の基礎となる事実を証明する書類として更正の請求書に添付します。

第1章

国税通則法における更正の請求

税務署
受付印

＿＿＿＿＿税の更正の請求書

＿＿＿＿＿＿＿＿税務署長

令和＿＿年＿＿月＿＿日提出

（前納税地＿＿＿＿＿＿＿＿＿＿＿＿）
〒
住所又は
所在地＿＿＿＿＿＿＿＿＿＿＿＿＿＿

納税地＿＿＿＿＿＿＿＿＿＿＿＿＿＿

フリガナ
氏名又は
名　称＿＿＿＿＿＿＿＿＿＿＿＿＿＿

個人番号又は法人番号

（個人番号の記載に当たっては、左端を空欄とし、ここから記入してください。）

（法人等の場合）
代表者等氏名＿＿＿＿＿＿＿＿＿＿＿＿

職　業＿＿＿＿＿＿電話番号＿＿＿＿＿

1．更正の請求の対象となった申告又は通知の区分及び申告書提出年月日又は更正の請求のできる事由の生じたことを知った日

平成
令和＿＿＿＿年分＿＿＿＿＿＿＿＿＿＿

平成
令和＿＿＿＿年＿＿月＿＿日

2．申告又は通知に係る課税標準、税額及び更正後の課税標準、税額等
次葉のとおり

3．添付した書類

4．更正の請求をする理由

5．更正の請求をするに至った事情の詳細、その他参考となるべき事項

6．還付を受けようとする銀行等	1　銀行等の預金口座に振込みを希望する場合	2　ゆうちょ銀行の貯金口座に振込みを希望する場合
	銀　　行　　本店・支店 　　金庫・組合　　出張所 ＿＿＿＿農協・漁協＿＿＿＿本所・支所 ＿＿＿預金　口座番号＿＿＿＿＿	貯金口座の記号番号＿＿＿＿－＿＿＿＿ 3　郵便局等の窓口で受取りを希望する場合

| 関与税理士 | | 電話番号 | |

| 税務署欄 | 通信日付印年月日
令和　年　月　日 | （確認者） | 整理簿 | 整理番号 | 名簿番号 | 番号確認 | 身元確認
□ 済
□ 未済 | 確　認　書　類
個人番号カード / 通知カード・運転免許証
その他（　　） |

（資15－1－1－A4統一）

出典：国税庁ホームページ

第3編
遺産分割等が確定した場合の相続税実務

書 き か た

1 税務署整理欄には、記入しないでください。

2 見出しの「　　　税」の空白部分には、相続税又は贈与税の税目区分に応じ、例えば「_相続_税」又は「_贈与_税」と記入してください。

3 「住所又は所在地（納税地）」欄には、提出者が個人の場合は住所を、法人等の場合は所在地を記入しますが、住所等以外の場所を納税地としているときは、住所等を上欄に、納税地を下欄にそれぞれ記入してください。

　なお、現在の納税地がこの請求の対象となった申告を行ったときの納税地と異なるときは、前の納税地を現在の住所の上欄にかっこ書きしてください。

4 「氏名又は名称」欄には、提出者が個人の場合はその氏名を、法人等の場合はその名称を記入してください。

　なお、法人等の場合は、「代表者等氏名」欄に法人等の代表者等の氏名も併せて記入してください。

5 「個人番号又は法人番号」欄には、提出者が個人の場合は個人番号（12桁）を、法人等の場合は法人番号（13桁）を記入してください。

　なお、この請求書の控えを保管する場合においては、その控えには個人番号を記載しない（複写により控えを作成し保管する場合は、個人番号部分が複写されない措置を講ずる）など、個人番号の取扱いには十分ご注意ください。

6 「1. 更正の請求の対象となった申告又は通知の区分及び申告書提出年月日又は更正の請求のできる事由の生じたことを知った日」欄は、例えば、次のように記入してください。

　（例）　平成（令和）○○年分相続税申告書　　　　平成（令和）○○年○月○日提出

　　　　平成（令和）○○年分相続税決定通知書　　　平成（令和）○○年○月○日遺産分割

7 「4. 更正の請求をする理由」の欄には、請求理由を、例えば、次のように記入してください。

　（例）　　相続税の課税価格のうち、○○市○○町○番地所在の家屋について○○，○○○円の評価誤りがあった。

8 「5. 更正の請求をするに至った事情の詳細、その他参考となるべき事項」欄には、請求をするに至った事情を詳細に記入するほか、参考となるべき事項についても記入してください。

9 「6. 還付を受けようとする銀行等」欄には、振込みを希望する預貯金口座等を次により記入してください。

　預貯金口座への振込みを利用されますと、指定された金融機関の預貯金口座（ご本人名義の口座に限ります。）に還付金が直接振り込まれ、大変便利ですので、是非ご利用ください。

(1) 銀行等の預金口座に振込みを希望する場合

　「6. 還付を受けようとする銀行等」欄の1に銀行等の名称、預金種類及び口座番号を記入してください。

(2) ゆうちょ銀行の貯金口座に振込みを希望する場合

　「6. 還付を受けようとする銀行等」欄の2に貯金総合通帳の記号番号を記入してください。

(3) 郵便局等の窓口で受取を希望する場合

　「6. 還付を受けようとする銀行等」欄の3に、ご自身が受取に行かれる郵便局名を記入してください。

　（注）この請求書には、取引の記録等に基づいて請求の理由の基礎となる事実を証明する書類を添付する必要があります。

第2章

相続税法における
更正の請求の特則

5

相続税法における
更正の請求の趣旨

Q 相続税法による更正の請求（相法32）と国税通則法による更正の請求
（通法23①、②）の違いについて教えてください。

A 相続税法における更正の請求は、相続という特殊な問題を起因とした特
別な事由が生じた場合における更正の請求について定めています。その
特別な事由により課税価格及び税額が過大となった場合に、国税通則法の特則
として、国税通則法に定める更正の請求を行うことができる旨が相続税法の中
で定められています。

解　説

（1）相続税法第32条における更正の請求

　相続税又は贈与税について申告書を提出した者又は決定を受けた者は、特別
な事由により当該申告等に係る課税価格及び税額が過大となったときは、その
特別な事由が生じたことを知った日の翌日から4月以内に限り、納税地の所轄
税務署長に対し、その課税価格及び税額につき更正の請求（国税通則法第23条
第1項（更正の請求）の規定による更正の請求をいう）をすることができます（相
法32①）。

相続税法における更正の請求は、相続という特殊な問題を起因とした特別な事由により、当初申告において確定させた税額が過大、もしくは還付金が過少であることを納税者側から更正することを請求し得ることを可能とし、国税通則法第23条で定める更正の請求では救済することができない納税者の権利・利益を救済することを趣旨としています。

なお、「相続という特殊な問題を起因とした特別な事由」については、**第3編Q6**において記載をしています。

(2) 相続税法第32条における更正の請求の期限

相続税法第32条における更正の請求の期限は上述のとおり、その特別な事由が生じたことを知った日の翌日から4か月以内とされています。一方で、国税通則法第23条の更正の請求の期限は相続税の申告書の提出期限から5年以内とされています。これらの提出期限のどちらが優先されるかは、更正の請求の内容により異なります。

例えば、遺産分割の確定により小規模宅地等の特例の適用が可能となったことを理由として更正の請求をしたときは、相続税法第32条のその事由が生じたことを知った日の翌日から4か月以内となります（**第3編Q11**（更正の請求等における小規模宅等の特例の適用可否）参照）。

【大阪国税不服審判所 平成29年1月6日裁決】（TAINS・F0-3-544）

> 1　本件は、請求人らが、父から相続により取得した財産の一部が法定申告期限までに分割されていなかったため、相続税法第55条《未分割遺産に対する課税》の規定に基づき、法定相続分の割合に従って相続財産を取得したものとしてその課税価格を計算して相続税の申告をした後、遺産分割が行われたことから、更正の請求（本件各更正請求）をしたところ、原処分庁が、当該更正の請

第2章
相続税法における更正の請求の特則

求は期限を徒過したものであるとして、更正をすべき理由がない旨の各通知処
分をしたのに対し、請求人らが、原処分の全部の取消しを求めた事案である。

2　相続税法第32条《更正の請求の特則》は、相続税の申告書を提出した者は、
同条各号のいずれかに該当する事由により当該申告に係る課税価格及び相続税
額が過大となったときは、当該事由が生じたことを知った日の翌日から4月以
内に限り、更正の請求をすることができる旨規定し、当該事由について、同条
第1号は、同法第55条の規定により分割されていない財産について民法の規定
による相続分の割合に従って課税価格が計算されていた場合において、その後
当該財産の分割が行われ、共同相続人が当該分割により取得した財産に係る課
税価格が当該相続分の割合に従って計算された課税価格と異なることとなった
ことと規定している。

3　これを本件各更正請求についてみると、請求人らは、平成27年10月29日付
で遺産分割協議書を作成して本件遺産分割（調停外の遺産分割）をしており、
同日に本件遺産分割をしたと認められるから、同日に相続税法第32条第1号所
定の事由が生じ、請求人らは、「当該事由が生じたことを知った」ものと認め
られる。そうすると、同条に基づく更正の請求の期限は、その翌日から4月以
内の平成28年2月29日までとなるところ、本件各更正請求は、同年3月4日に
されているから、同条所定の期限内にされたものとはいえない。したがって、
本件各更正請求は、相続税法第32条所定の更正の請求の期限を徒過してされ
た不適法なものであるといわざるを得ない。

（中略）

6　請求人らは、各申告時において、未分割財産が分割されていなかったため、
相続税法第55条の規定に基づき、これを法定相続分の割合に従って取得した
ものとしてその課税価格を計算したものであり、この点について国税に関する
法律の規定に従っていなかったこと又は計算に誤りがあったことは認められな
い。したがって、本件各更正請求は、通則法第23条（更正の請求）第1項所定
の要件に該当しない。

第**3**編
遺産分割等が確定した場合の相続税実務

> 7　以上によれば、本件各更正請求に更正をすべき理由がないとした原処分は適
> 法である。

　一方で、遺産分割の確定により配偶者の税額軽減の適用が可能となったこと
を理由として更正の請求をしたときは、相続税法第32条のその事由が生じた
ことを知った日の翌日から4か月以内と国税通則法第23条の相続税の申告書提
出期限から5年以内のいずれか遅い日が更正の請求の期限とされます（相基通
32-2）（**第3編Q10**（更正の請求における配偶者の税額軽減の適用可否）参照）。

(3) 実務上の取り扱い

　被相続人に係る相続財産全体の課税価格に変動がない場合において、相続人
間における個々の取得財産の移動や取得割合の変動があったときは、相続人ご
との課税価格は変動しますが、その相続に係る全体の納付すべき相続税額に変
動はありません。

　この場合、更正の請求により当初申告において納め過ぎた相続税額の還付を
受けることができる相続人がいる一方で、新たに相続税額を納付すべき相続人
や、当初申告により納付した相続税額を上回る相続税額を納付すべき相続人も
います。

　新たに相続税額を納付すべき相続人は、相続税の期限後申告書を提出するこ
とができます（相法30①）。また、当初申告により納付した相続税額を上回る
相続税額を納付すべき相続人は、相続税の修正申告書を提出することができま
す（相法31①）。

　しかし、上述のとおり、相続人ごとの課税価格の変動があったとしても、そ
の相続に係る全体の納付すべき相続税額に変動はありませんので、更正の請
求、期限後申告及び修正申告という手続きを経ずに相続人間の話し合いによ
り、更正の請求を行った場合の還付金相当額と期限後申告又は修正申告を行っ

第2章
相続税法における更正の請求の特則

た場合の納付相続税相当額とをお互いに調整して支払うことも実務上は見受けられます。

第3編 遺産分割等が確定した場合の相続税実務

6 更正の請求事由の確認

Q 相続税法における更正の請求を行うことができる具体的な事由について教えてください。

次の各事由が該当します。
(1) 未分割財産が分割されたこと
(2) 相続人に異動が生じたこと
(3) 遺留分侵害額の請求に基づき支払うべき金銭の額が確定したこと
(4) 遺言書の発見、遺贈の放棄があったこと
(5) 物納財産に一定の事由が生じたこと
(6) (1)から(5)に準ずる一定の事由が生じたこと
(7) 特別縁故者が遺贈により財産を取得したとみなされたこと
(8) 特別寄与者が遺贈により財産を取得したとみなされたこと
(9) 未分割財産が分割され配偶者の税額軽減が適用できることとなったこと
(10) 国外転出時課税の納税猶予に係る所得税につき債務に該当することとなったこと
(11) 贈与税申告した財産のうちに相続財産に該当するものがあったこと

解　説

(1) 未分割財産が分割されたこと

　未分割財産について法定相続分などの民法（寄与分（民904の2）を除く）の規定による相続分又は包括遺贈の割合に従って課税価格が計算されていた場合において、その後に遺産分割協議が確定し財産の分割が行われたときに、共同

相続人又は包括受遺者がその分割により取得した財産に係る課税価格が、当初の申告時に法定相続分などの相続分又は包括遺贈の割合に従って計算された課税価格と異なることとなった場合です（相法32①一）。

　遺産分割協議が確定しなかったため未分割の状態で相続税の申告を行う場合には、一旦、法定相続分などにより各相続人が相続財産を取得したものとして相続税の申告納付を行います。そして、その後において遺産分割協議が整い分割が行われたときの各相続人が取得した相続財産の課税価格が、当初申告による課税価格より減少することとなった場合には、更正の請求を行うことができることとされています。

(2) 相続人に異動が生じたこと

　認知の訴え（民787）又は推定相続人の廃除等（民892から894）の規定による認知、相続人の廃除又はその取消しに関する裁判の確定、相続回復請求権（民884）に規定する相続の回復、相続の承認及び放棄の撤回及び取消し（民919②）の規定による相続の放棄の取消しその他の事由により相続人に異動を生じた場合です（相法32①二）。

　上述の事由により、当初申告時には相続人とされていた者がその後に相続人に該当しなくなった場合や、逆に相続人とされていなかった者がその後に相続人に該当するなど、法定相続人に異動が生じる場合があります。

　このように法定相続人に異動がある場合には、当初申告における基礎控除額などにも異動が生じるため、当初申告による相続税額より異動後の相続税額が減少することとなった場合には、更正の請求を行うことができることとされています。

(3) 遺留分侵害額の請求に基づき支払うべき金銭の額が確定したこと

　遺留分侵害額の請求に基づき支払うべき金銭の額が確定した場合です（相法32①三）。

遺留分侵害額の請求がされた場合には、受遺者又は受贈者は、遺留分に係る侵害部分相当を金銭にて遺留分権利者に支払うこととなるため、受遺者又は受贈者の課税価格の合計額が減少します。

その結果、受遺者又は受贈者は、その減少した侵害部分相当に係る相続税額が当初申告時より減少するため、更正の請求を行うことができることとされています。

(4) 遺言書の発見、遺贈の放棄があったこと

遺贈に係る遺言書が発見された場合、又は遺贈の放棄があった場合です（相法32①四）。

遺言の存在に気が付かずに遺産分割協議が行われ相続税の当初申告が行われた場合において、その後に遺言書が発見されたときは、原則として、当初申告における遺産分割協議は無効となり、遺言の執行と遺産再分割協議が行われることとなります。その結果、当初申告時よりも相続財産が減少した相続人は、当初申告による相続税額よりも再分割後の相続税額が減少することとなるため、更正の請求を行うことができることとされています。

なお、発見された遺言において新たな受遺者が存在する場合において、その受遺者が遺贈の放棄をしたときや、相続人の全員が当初申告に係る分割協議によることを同意したときには、その当初の遺産分割協議が優先されます。

遺贈のうち特定遺贈については、その受遺者は遺言者の死亡後いつでもその遺贈の放棄をすることができ（民986①）、遺贈の放棄があった場合には、その放棄は遺言者の死亡の時まで遡ってその効力を生じるものとされています（民986②）。

相続税の当初申告が行われた後に遺贈の放棄が行われると、その放棄をした受遺者に帰属していた財産は他の相続人に帰属することとなります。一方で、その放棄をした受遺者は、当初申告による相続税額よりも放棄後の相続税額が減少することとなるため、更正の請求を行うことができることとされています。

（5）物納財産に一定の事由が生じたこと

　条件を付して物納の許可（相法42㉚）がされた場合（その許可が取り消され、又は取り消されることとなる場合に限る（相法48②））において、その条件に係る物納に充てた財産の性質その他の事情に関し政令で定めるものが生じた場合です（相法32①五）。

（6）（1）から（5）に準ずる一定の事由が生じたこと

　上記（1）から（5）の事由に準ずるものとして次に掲げる事由が生じた場合です（相法32①六、相令8②）。

① 相続若しくは遺贈又は贈与により取得した財産についての権利の帰属に関する訴えについての判決があったこと

　判決前までは被相続人の相続財産とされていた財産が、裁判等により他の者の財産である旨の判決が下されたときは、その財産に係る課税価格及び相続税額が過大であったこととなりますので、更正の請求を行うことができることとされています。

② 相続の開始後に認知された者の価額の支払請求権（民910）の規定による請求があったことにより弁済すべき額が確定したこと

③ 条件付の遺贈について条件が成就したこと

　条件付き遺贈が行われた場合には、その条件が成就するまでの間は、その遺贈財産は受遺者に帰属せず、法定相続人が受託者として所有し、未分割の状態に該当します。

　したがって、このような場合においてその条件の成就前に期限内申告書の提出があったときは、その遺贈の目的となった財産については、法定相続分など

の相続分によって取得したものとしてその課税価格が計算されます（相基通11
の2－8）。

　そして、その条件が成就した場合には、受託者とされていた相続人は、その
成就により当初申告時から相続財産が減少し、当初申告による相続税額よりも
成就後の相続税額が減少することとなるため、更正の請求を行うことができる
こととされています。

(7) 特別縁故者が遺贈により財産を取得したとみなされたこと

　特別縁故者が遺贈により財産の全部又は一部を取得したとみなされた場合で
す（相法32①七）。

　戸籍上の相続人が見当たらない場合や相続人全員が相続放棄しているような
場合など相続人のあることが明らかでないときは、その相続財産は法人とみな
され、清算目的のために相続財産の管理や相続人の捜索を行います。その捜索
により、被相続人と生前に特別の縁故があった者に対して財産の分与がなされ
ます。

　稀なケースですが、例えば、当初申告時に相続放棄した配偶者が保険金2億
円をみなし相続した場合において、その後に特別縁故者が相続財産法人から3
億円の財産分与を受けたときに、配偶者の税額軽減は当初申告時の1億6,000
万円から5億円×2分の1＝2億5,000万円となり、配偶者の相続税額はゼロと
なり減少するため、更正の請求を行うことができることとされています。

(8) 特別寄与者が遺贈により財産を取得したとみなされたこと

　相続人以外の者の被相続人に対する貢献を考慮するために、相続法改正によ
り新たに特別寄与制度が創設されました（民1050）。

　特別寄与者に特別寄与料を支払うこととなった相続人等は、その金額を自身
の課税価格から控除することができます（相法13④）。

第2章
相続税法における更正の請求の特則

特別寄与制度の詳細は**Q18**を参照してください。

(9) 未分割財産が分割され配偶者の税額軽減が適用できることとなったこと

　相続税の期限内申告書の申告期限内に遺産分割協議が調わなかった財産が、申告期限から3年以内※に分割されたことにより、その分割が行われた時以後において「配偶者に対する相続税額の軽減」（相法19の2①）を適用して計算した相続税額がその時より前に同規定を適用して計算した相続税額と異なることとなった場合です（**(1)** に該当する場合を除く）（相法32①八）。

　配偶者に対する相続税額の軽減の規定は、申告期限までに、当該相続又は遺贈により取得した財産の全部又は一部が未分割の場合には、その分割されていない財産については、配偶者に対する相続税額の軽減の基礎とされる財産に含まれず税額軽減の対象となりません。

　ただし、その分割されていない財産が申告期限から3年以内※に分割された場合には、その分割された財産については、配偶者に対する相続税額の軽減の対象として計算ができることとなっています。

　これにより、未分割財産が分割された場合において、分割後の配偶者の課税価格が当初申告時の課税価格より減少することとなったときは、上記 **(1)** により更正の請求を行うことができることとなっています。

　※　その期間が経過するまでの間にその財産が分割されなかったことにつき、その相続又は遺贈に関し訴えの提起がされたことその他のやむを得ない事情がある場合において、納税地の所轄税務署長の承認を受けたときは、その財産の分割ができることとなった日の翌日から4か月以内

　一方で、未分割の状態での当初申告が法定相続分により行われていた場合において、その後の遺産分割協議の結果も法定相続分による分割であったときは、相続税の課税価格は変わらないものの、配偶者に対する相続税額の軽減の

規定の適用はできます。

　しかし、この場合には、相続税額は当初申告時から減少するものの、課税価格が減少することとなっていないため、上記（1）による更正の請求の要件は満たしていません。

　そこで、相続税法第32条第1項第8号の規定を置くことで、課税価格は変わらなくとも、その分割が行われた時以後に配偶者に対する相続税額の軽減の規定を適用して計算した相続税額が、その分割時前の相続税額より減少する場合に、更正の請求を行うことができることとされています。

（10）国外転出時課税の納税猶予に係る所得税につき債務に該当することとなったこと

　国外転出や贈与等により非居住者に資産が移転した場合の譲渡所得等の特例の適用がある場合に、納税猶予の規定の適用を受けていた国外転出者や適用贈与者等の相続人としてこれらの者に係る納税猶予分の所得税額に係る納付義務を承継した者が、その納税猶予分の所得税を納付することとなった場合です（所法137条の2⑬、所法137条の3⑮）。

　国外転出時課税の創設により、一定の居住者が1億円以上の有価証券などの対象資産を所有している場合において、国外転出等をするときは、その時に対象資産の譲渡等があったものとみなして、対象資産の含み益に対して譲渡所得に係る所得税が課されます。

　しかし、この含み益に対する国外転出時課税は、あくまで「みなし譲渡」に対する課税としてその有価証券等に係るキャピタルゲインは未実現であり、納税資金等がないことなどを考慮し、一定の条件の下で一定期間の納税を猶予する制度が設けられています。

　これに伴い、相続税法においては、被相続人が納税猶予の規定の適用を受けていた場合には、その納税猶予分の所得税額は、被相続人の確定債務としての公租公課には含まれず、債務控除を行うことはできないこととなっています。

ただし、その被相続人の納付義務を承継した相続人が納付することとなった納税猶予分の所得税額及びその利子税の額については、この限りでないこととされています（相法14③）。

つまり、納税猶予者としての相続人が、その相続により承継した納税猶予義務に係る所得税を納付した場合には、その所得税は被相続人に係る確定債務として計上することができるということです。

したがって、当該事由により控除すべき債務が増えた場合には、相続税額が減少することとなるため、更正の請求を行うことができることとされています。

なお、上述の「事由が生じたこと」とは、納税の猶予に係る期限が確定することをいい、実際に猶予分の所得税の納付の有無は問わないことに注意が必要です（相基通32－5）。

（11）贈与税申告した財産のうちに相続財産に該当するものがあったこと

贈与税の課税価格計算の基礎に算入した財産のうちに、相続又は遺贈により財産を取得した者が相続開始の年においてその相続に係る被相続人から受けた贈与により取得した財産の価額で「相続開始前三年以内に贈与があった場合の相続税額」の規定（相法19）により相続税の課税価額に加算されるものがあった場合です（相法32①十）。

7 更正の請求等における加算税、延滞税

Q 遺産分割協議が確定し相続税の課税価格が減少したため更正の請求により還付を受けた相続人がいる場合において、その一方で相続税の課税価格が増加したことにより期限後申告又は修正申告を行うべき相続人がいるときに、その期限後申告又は修正申告を行わなかった場合にはどうなりますか。

A 遺産分割協議が確定したことで相続税の課税価格が増加したにも関わらず期限後申告や修正申告を行わないでいる場合には、税務署長による更正又は決定を受けることとなります（相法35③）。
また、この場合には、過少申告加算税は課されませんが、延滞税については「更正通知書を発した日と遺産分割協議が成立した日から4か月を経過する日とのいずれか早い日」以後の期間について課されることとなります。

解説

　相続税の申告書の提出期限後に、相続税法第32条第1項第1号～6号に規定（第3編Q6参照）する事由から、遺産分割協議の確定や相続人の異動などが生じたことにより、新たに相続税額を納付すべき者は相続税の期限後申告書を提出することができます（相法30①）。

　また、同事由から当初申告により納付した相続税額を上回る相続税額を納付すべき者は相続税の修正申告書を提出することができます（相法31①）。

　この場合には、相続税法第32条第1項第1号～6号に規定する事由が正当な理由があると認められる場合に該当し、無申告加算税と過少申告加算税は賦課しないものとされています（通法66①ただし書、通法65④）。

　また、延滞税についても、相続税の法定申告期限の翌日から更正通知書を発した日と遺産分割協議が成立した日から4か月を経過する日とのいずれか早い

第2章 相続税法における更正の請求の特則

日までの期間もしくは修正申告書の提出があった時までの期間はその延滞税の計算の基礎となる期間に算入しないものとされています(相法51②二)。

これは、その期限後申告や修正申告を行うに至った理由が、相続という特殊な問題を起因とした予知せぬ事由によるものであり、納税者の責めに帰すべき事由ではないためです。

なお、更正通知書を発した日と遺産分割協議が成立した日から4か月を経過する日とのいずれか早い日以後の期間に係る延滞税については、通常通り課税が行われることとなります。

【延滞税が課せられない期間】

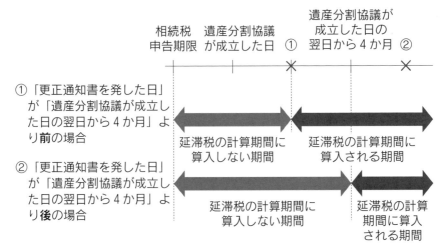

第**3**編
遺産分割等が確定した場合の相続税実務

8 調査により**申告漏れ**が**発覚**した場合の修正申告

Q 税務調査により美術品の申告漏れを指摘され、相続財産と認定されたので、当初申告よりも課税価格が増えることとなります。この場合において、修正申告を行う予定ですが、

(1)その美術品について、一旦、未分割財産として修正申告を行い、その後に遺産分割協議が整い次第改めて修正申告並びに更正の請求を行う場合

(2)すぐに遺産分割協議を行い一人の相続人がその美術品を相続し修正申告を行う場合

とで、税務上の取扱いに違いが生じるでしょうか。

A (1)の修正申告に係る過少申告加算税は、その後の未分割財産が分割されたことに伴う減額更正により当然に減額することとなります。また、この過少申告加算税の減額が行われた場合において、その減額相当額を他の相続人に賦課し直されるようなことはされません。したがって、その結果、(1)の修正申告を行った場合と(2)の修正申告を行った場合とを比べると、(1)の修正申告によった方が、過少申告加算税の一部が減額されるため少なくなります。

解　説

〈例〉

相続人：子Ａ、子Ｂ

当初申告課税価格（法定相続分$\frac{1}{2}$ずつ取得）：52,000千円

当初相続税額：1,000千円

申告漏れ美術品：8,000千円

第2章
相続税法における更正の請求の特則

（1）未分割財産として修正申告を行い、その後に遺産分割協議が整い、子Ａが相続したものとして修正申告を行い、子Ｂが更正の請求を行う場合（単位：千円）

①修正申告

	子Ａ	子Ｂ
当初課税価格	26,000	26,000
申告漏れ美術品	4,000	4,000
課税価格	30,000	30,000
相続税の総額	1,800	
算出相続税額	900	900
当初相続税額	500	500
修正申告による納付税額	400	400

過少申告加算税	40	40

②遺産分割協議後 修正申告及び更正の請求

	子Ａ	子Ｂ
①修正申告	30,000	30,000
遺産分割協議による異動	4,000	-4,000
課税価格	34,000	26,000
相続税の総額	1,800	
②の算出相続税額	1,020	780
当初相続税額	500	500
②の追徴額	520	280
①修正申告による納付税額	400	400
②の納付（還付）額	120	-120

①の過少申告加算税	40	40
②の更正の請求による減額	—	-12

　子Ｂの更正の請求により、（1）①の修正申告時に納付した納付税額400千円の還付となり、当該減額更正された相続税の付帯税12千円についても、当然に減額されることとなります。これにより、（1）の加算税の金額は全体で、以下の通りとなります。

　　（1）①Ａ分40千円 ＋（1）①Ｂ分40千円 －（1）②12千円 ＝ 68千円

第3編
遺産分割等が確定した場合の相続税実務

（2）すぐに遺産分割協議を行い、子Aがその美術品を相続し修正申告を行う場合（単位：千円）

	子A	子B
当初課税価格	26,000	26,000
申告漏れ美術品	8,000	0
課税価格	34,000	26,000
相続税の総額	1,800	
算出相続税額	1,020	780
当初相続税額	500	500
修正申告による納付税額	520	280

過少申告加算税	52	28

（2）の加算税の金額は全体で以下のとおりとなります。

　　（2）A分52千円 ＋ （2）B分28千円 ＝ 80千円

　以上から、（2）の修正申告の場合に比べて、（1）の修正申告によった方が過少申告加算税の一部が減額され少なくなります。

　また、上記によって減額が行われた場合においても、その減額部分の加算税は、子Aに対して賦課換えは行われません。

第2章
相続税法における更正の請求の特則

【国税庁 徴収関係 個別通達】
相続税を課した未分割遺産が、その後協議分割された場合、減額更正した相続税の附帯税の処理について

徴管2-33
直資2-9
直審(資)2
昭和44年3月31日

国税局長　殿

国税庁長官

相続税を課した未分割遺産が、その後協議分割された場合、
減額更正した相続税の附帯税の処理について

標題のことについて、大阪国税局長から別紙2のとおり上申があり、別紙1のとおり回答したから了知されたい。

別紙1

徴管2-33
直資2-9
直審(資)2
昭和44年3月31日

大阪国税局長　殿

国税庁長官

第**3**編
遺産分割等が確定した場合の相続税実務

相続税を課した未分割遺産が、その後協議分割された場合、減額更正した相続税の附帯税の処理について（昭和43年11月20日付大局徴管（決）第413号、直資（相）第424号による上申に対する回答）

標題については下記により取扱われたい。

記

　未分割遺産が共同相続人等の協議により分割されたことに基づく相続税額の減額更正の効果は、その相続税が確定した当初にそ及するものと解すべきである。したがって、納付すべき相続税額を計算の基礎として課する相続税の附帯税（加算税、利子税および延滞税）についても当然に減額を要することになる。

　なお、上記により相続税の附帯税について減額を行なった場合において、その減額部分の附帯税を他の相続人等にいわゆる賦課換えを行なうことについては、遺産取得者課税方式を採用している現行相続税法のもとではできないものと解するのが妥当であるから申し添える。

別紙2

徴管（決）第413号
大局
直資（相）第424号
昭和43年11月20日

国税庁長官　殿

大阪国税局長

相続税を課した未分割遺産が、その後協議分割された場合、
減額更正した相続税の附帯税の処理について（上申）

第2章
相続税法における更正の請求の特則

　標題のことについて、下記のとおり甲、乙の両説があり取扱いに疑義があるので、なにぶんの指示を願いたい。

　なお、当局の見解としては、乙説が妥当であると考えている。

記

1　甲説

　減額更正により減額した部分の納税義務は、通常の更正の効力と同様当初にさかのぼり消滅するので、既に課した附帯税（加算税、利子税および延滞税をいう。以下同じ）は改算し減額する。

（理由）

(1)　減額更正によって納税義務および附帯税に及ぼす効力は、法律上特別の規定がないから他の事由による更正と同一である。

(2)　国税通則法第58条第5項および同令第24条の還付加算金の規定には協議分割による更正を含み、かつ、その附帯税の過納を含むこととしていることから類推して、納税義務は当初にさかのぼり消滅する。

2　乙説

　更正により減少した部分の納税義務は、その更正事由の特質等から更正までは存続していると認め、既に課した附帯税は減額しない。

（理由）

(1)　相続税の課税は取得者課税を建前としながら、未分割遺産につき分割確定まで課税を留保することは、相続財産のは握、納税手続きおよび税負担の公平等について問題が生ずるので、未分割遺産に対する課税が規定されていると認識している。

179

（2）　相続税法第55条（未分割遺産に対する課税）は、協議分割に基づく更正請求または更正等を妨げないとしていることから、通常の更正請求または更正の規定による取消しとは異なり、課税にかしあるものではなく前記（1）の認識から課税の撤回であり、将来に向ってのみ効力を生ずる。

（3）　相続税法第51条（延滞税の特則）第2項各号のロにおいて、増額分の延滞税の徴収始期が当初にさかのぼることとしていないので、相続人間において求償権の問題が生ずるとしても不合理はない。

（4）　更正請求しうる協議分割の時期について制限のない現行規定において、その更正請求の有無、または協議分割の時期により税負担の不公平が生ずる不合理がある。

第 **3** 章

個別論点詳説

9

分割確定日の詳説

Q 相続税法第32条第1項において、一定の事由が生じたことを知った日の翌日から4か月以内に限り更正の請求をすることができるとされていますが、同項第1号に規定する分割確定の日について、詳細を教えてください。

A 遺産分割は、
①協議による分割
②調停による分割
③審判による分割
④訴訟による分割
に区分することができます。実務上、それぞれの区分に応じて分割確定の日を適切に把握する必要があるため、解説にて詳細を回答します。

解 説

(1) 協議による分割の場合

　家庭裁判所等を通さず、共同相続人間で協議する方法であり、一般的に遺産分割協議書を作成することとなりますが、この書面に署名捺印をした日を原則として「事由が生じたことを知った日（更正の請求の起算日）」と考えることと

第**3**編
遺産分割等が確定した場合の相続税実務

なります。

　なお、遺産分割協議書が段階的に作成される事例も存在しますが、そのような場合には形式的に遺産分割協議書を作成した日ではなく、実態としていつ相続財産の取得が確定したかを重視して分割確定日を考えることとなります。

【東京地方裁判所　平成18年11月29日判決】（TAINS・Z256-10585）

　被相続人の遺産のうち訴外甲が取得する財産の範囲は、相続人ら全員によって作成された第4次分割協議書により、最終的に確定したというべきであるとの課税庁の主張が、甲の取得することとされた財産は、遺産分割調停の申立ての前に既に確定しており、甲が調停の申立てに及んだのは、第三次分割協議書に基づいて相続登記手続を完了することができなかった一部の不動産について、相続登記をするためであったと認められ、また、甲が、第四次分割協議書により未分割財産の分割が確定したとして行った相続税法32条（更正の請求の特則）に基づく更正の請求は、甲と対立関係にあった納税者らに経済的負担をさせることを目的に企図されたものであるなどとして更正の請求の特則の事由に該当しないとして排斥され、相続税法32条に基づく更正の請求による減額更正の存在を前提とする相続税法35条（更正及び決定の特則）に基づく処分が取り消された。

　また、相続人らが、平成12年3月に訴外甲は第一次分割協議書に記載された財産以外のものの権利は主張できずかつ何ら請求することはできないことを認める旨記載のある合意書を作成したこと、平成12年5月に第二次分割協議書記載の土地につき地積等を修正しかつ各相続人がこれらの土地に係る分筆及び相続登記等に協力する旨を付記した第三次分割協議書を作成したこと並びに第三次分割協議書、調停調書及び第四次分割協議書において甲の取得することとされた財産に変更がないこと等を総合すると、遅くとも第三次分割協議書が作成された平成12年5月には甲の取得する財産は最終的に確定しており、甲自身もこのことを認識していたものと認められ、よって、甲による更正の請求は、相続税法32条（更正の請求の特則）柱書き所定の期間が経過した後にされた不適法なものであるから、これを適法な更正の請求として取り扱ったうえで、課税庁が甲に対して行っ

た減額更正は違法であり、また、同減額更正を前提として納税者に対してした増
額更正処分も違法であるとされた。

(2) 調停による分割の場合

　共同相続人間で協議したが、その分割がまとまらなかった場合には、家庭裁
判所に調停の申立をすることとなります。この調停による分割において、分割
確定日である「事由が生じたことを知った日（更正の請求の起算日）」がいつに
なるのかが問題となります。
　まず、調停の流れを確認したいと思います。

【遺産分割調停のスケジュール】
　1．遺産分割調停申立
　　　　　↓
　2．第1回、第2回以降の調停期日
　　　　　↓
　3．相続人全員による合意が成立した調停期日
　　　　　↓
　4．調停調書作成
　　　　　↓
　5．調停調書発送
　　　　　↓
　6．調停調書到着

　調停において当事者間に合意が成立し、これを調書に記載したときは、調停
が成立したものとし、その記載は、確定判決と同一の効力を有します（家事
268）。
　この家事事件手続法の規定によれば、調停による分割確定日は、調停調書の

第**3**編
遺産分割等が確定した場合の相続税実務

作成日（上記スケジュールの4.）と考えることもできそうですが、この調停という手続きは、共同相続人間の合意によって分割が確定するという私法行為としての性格と家庭裁判所においてなされた確定判決と同一の効力を有するという訴訟行為としての性格の2つの側面を併せ持つものと考えられています。つまり、共同相続人間で合意が成立した調停期日（私法行為としての側面）と実際に調停調書が作成された日（訴訟行為としての側面）が異なることとなります。

　実務上は、過去の裁決事例等にならい、調停による分割確定日は、調停調書が作成された日ではなく合意が成立した調停期日（上記スケジュールの3.）を分割確定日と考えることとなります。

【東京国税不服審判所　平成17年6月24日裁決】（国税不服審判所ホームページ）

　　請求人は、平成14年の調停期日では、遺産分割についての基本的な合意があっただけで、更正の請求のために相続税の課税価格を具体的に把握できるようになったのは調停調書が作成されてからであるから、相続税法第32条に規定する「事由が生じたことを知った日」は、調停調書の正本の作成日付である平成15年である旨主張する。しかしながら、家事調停手続きにより遺産分割がなされた場合には、①共同相続人間に遺産分割の調停が成立したことによって、課税価格は未分割のときのそれとは異なることになること、②調停期日において遺産分割の合意が成立したことによって、各相続人が取得する遺産の範囲が明らかになり、調停期日に出頭した各相続人はこれを認識し、分割後の課税価格が未分割のときのそれとは異なることとなったことを認識することからすれば、この場合の相続税法第32条に規定される「事由が生じたことを知った日」とは、特段の事情がない限り、遺産分割の合意が成立した調停期日の日と解するのが相当である。なお、家事審判法第21条第1項は、「調停において当事者間に合意が成立し、これを調書に記載したときは、調停が成立したものとし、その記載は、確定判決（審判）と同一の効力を有する。」と規定しているが、調停は、当事者間の合意によってなされるという私法行為としその性格とそれが裁判所においてなされ確定

第3章
個別論点詳説

> 判決と同一の効力を有するという訴訟行為としての性格を併せ有するものと解されるから、当事者間の遺産分割の合意の内容が調停調書に記載される前においても、当事者間の合意が成立した調停期日の日には、相続税法第32条第1号に規定される当該財産の分割が行われて課説価格が相続分等の割合に従って計算された課税価格と異なることとなったということができる。

　なお、調停において共同相続人の1人が相続財産を取得しないことが確定した場合の取扱いとして下記質疑応答事例が存在します。当該質疑応答事例は、遺産分割が確定したわけではないものの相続人の1人が相続財産を取得しないことが確定したことは、相続税法第32条第1項に規定する更正の事由に該当するものとして取り扱われています。

【国税庁質疑応答事例】

共同相続人の1人が遺産分割の調停において相続財産を取得しないことが
確定した場合の相続税法第32条第1項の規定に基づく更正の請求

【照会要旨】

　○年に相続開始しましたが、相続税の申告期限までに遺産分割協議が整わなかったことから、相続税法第55条の規定に基づき、法定相続分の割合で相続財産を取得したものとして相続税を計算し申告しました。

　その後、家庭裁判所の遺産分割の調停において、共同相続人（4人）のうちの1人である甲が相続を事実上放棄し、同年12月、その旨が調停調書に記載されました。

　甲は、この調停から4月以内に相続税法第32条第1項の規定に基づく更正の請求をすることができますか。なお、遺産分割の調停は継続しています。

【回答要旨】

　遺産分割は、全ての相続人等の協議又は家庭裁判所の審判（調停）によって行われ、この場合、遺産の一部について行うこともできるし、また遺産分割の結果、相続人等のうちの一部の者が相続財産を取得しないこととなっても差し支え

185

ないものとされています。

　したがって、照会のケースは典型的な「分割」ではありませんが、甲は調停により相続財産を取得しないことが確定していることから、相続税法第32条第1項第1号の規定に該当しますので、更正の請求が認められます。

　なお、この場合、他の3人の相続人は修正申告をする必要があります。

(3) 審判による分割の場合

　共同相続人間で協議したが、その分割がまとまらなかった場合、または、上記（2）の調停が不成立だった場合には、調停申立時に審判の申立があったものとみなされ、審判手続に移行します（家事272）。こちらも調停と同様に審判の流れから確認していきます。

【遺産分割審判のスケジュール】
1．遺産分割調停からの移行又は遺産分割審判の申立
　　　↓
2．第1回、第2回以降の審判期日
　　　↓
3．遺産分割審判
　　　↓
4．即時抗告の期限（審判の告知を受けた日の翌日から起算して2週間以内）

　審判による遺産分割は、調停とは異なり、相続人の申立て等を聴き取って話し合いをするのではなく、裁判官が職権で調査等を行い、審判が下されます。

　この審判の内容に不服がある場合には、審判の告知を受けた日の翌日から起算して2週間以内に即時抗告の申立てをしなければなりません（家事86）。この期間までに即時抗告をしなかったときは、審判が確定し、この確定した審判は、確定判決と同一の効力を有します。したがって、審判による遺産分割の分

第3章
個別論点詳説

割確定日は、審判が確定した日、すなわち、審判の告知を受けた日の翌日から2週間を経過する日（上記スケジュールの4.）と考えます。

　なお、家事審判事件の途中で1人の相続人が、その相続分を放棄したときのその放棄した相続人の相続税法第32条第1項に規定する「事由が生じたことを知った日」について、その放棄した相続人以外の相続人の遺産分割事件の審判の確定があった日ではなく、その放棄した相続人が実際にその審判の確定を他の相続人から聞いた日をもって、「事由が生じたことを知った日」であるとして原処分庁の課税処分を全て取り消した裁決事例も存在します。

【名古屋国税不服審判所　平成20年1月31日裁決】（国税不服審判所ホームページ）

　原処分庁は、家庭裁判所に対し遺産分割審判事件から脱退する旨の届出書を提出した請求人が相続税法第32条に規定する「当該事由が生じたことを知った」のは、遅くとも当該事件の審判がなされた平成16年11月○日であるから、その日の翌日から4月を経過した後になされた本件更正の請求は、請求の期限を徒過したものであると主張する。しかしながら、相続税法第55条の規定に基づく相続税の申告書の提出後に共同相続人の一人が相続分放棄証書を添付して脱退届出書を家庭裁判所に提出し、その後他の共同相続人に対して審判の告知がされた場合において、相続税法第32条第1号に規定する「その後当該財産の分割が行われ、共同相続人が当該分割により取得した財産に係る課税価格が当該相続分又は包括遺贈の割合に従って計算されていた課税価格と異なることとなった」のがいつかを判断するに当たっては、当該脱退届出書の提出行為の法的性質、法的効果のみならず、他の共同相続人についてはいつ最終的な遺産分割の合意が成立し、あるいはこれに代わる審判の効力が生じたか等を斟酌してなすのが相当であるところ、本件においては、請求人以外の共同相続人が複数であるとともに、当該審判の告知がなされるのは他の共同相続人に対してであることを踏まえれば、たとえ共同相続人のうちの一人に相続分の放棄をした者があったとしても、他の共同相続人間で遺産分割が確定したときに、当該相続分の放棄をした者を含めて全体として最終的な遺産分割と同様の効果を生ずると判断するのが相当であって、本

件において当該効果を生ずる事実が発生したのは、他の共同相続人に対して抗告の棄却決定がなされたときであると解するのが相当であることに加え、相続税法第32条が「当該各号に規定する事由が生じたことを知った日」と定めていることに照らせば、請求人について上記「知った日」とは、他の共同相続人間において審判が確定したことを知った日と解するのが相当である。そして、当該日は、平成18年8月29日と認められるから、請求人が平成18年9月にした更正の請求は、相続税法第32条に規定する更正の請求の期限内になされた適法なものであり、請求内容も相当と認められるから、更正をすべき理由がない旨の通知処分はその全部を取り消すべきである。

（4）訴訟による分割の場合

　協議、調停、審判のすべてが不調に終わった場合には、訴訟による分割に移行することとなります。訴訟による分割確定日は下記通達にそれぞれ定められています。

「判決があったこと」の意義（相続税法基本通達32-4）

　法施行令第8条第2項第1号に規定する「判決があったこと」とは、判決の確定をいい、19の2-11に準じて取り扱うものとする。（平15課資2-1追加）

判決の確定の日（相続税法基本通達19の2-11）

　法施行令第4条の2第1項第1号に規定する「判決の確定の日」とは、次に掲げる場合の区分に応じ、それぞれ次に掲げる日をいうのであるから留意する。（昭47直資2-130追加、昭50直資2-257、昭57直資2-177、平6課資2-114、平25課資2-10改正）
（1）　敗訴の当事者が上訴をしない場合　その上訴期間を経過した日

（2）　全部敗訴の当事者が上訴期間経過前に上訴権を放棄した場合　その上訴権を
　　　放棄した日
（3）　両当事者がそれぞれ上訴権を有し、かつ、それぞれ別々に上訴権を放棄した
　　　場合　その上訴権の放棄があった日のうちいずれか遅い日
（4）　上告審の判決のように上訴が許されない場合　その判決の言渡しがあった日

　なお、実務上の具体的な分割確定日を把握するために、遺産分割訴訟の流れ
を追って確認したいと思います。遺産分割訴訟の流れは、下記の通りです。

　　【遺産分割訴訟のスケジュール】
　　1．審判不服に伴う即時抗告
　　　　　　↓
　　2．高等裁判所決定
　　　　　　↓
　　3．上記決定の告知
　　　　　　↓
　　4．許可抗告の申立、特別抗告の書類提出
　　　　　　↓
　　5．高等裁判所棄却
　　　　　　↓
　　6．上記棄却に伴う特別抗告の書類提出
　　　　　　↓
　　7．最高裁判所特別抗告棄却決定

　上記流れを見ると、最後の最高裁判所の決定（上記スケジュールの7.）を分
割確定日と考えてしまいがちですが、実際には高等裁判所決定の告知日（上記
スケジュールの3.）が、分割確定日、すなわち相続税法第32条第1項に規定す
る「事由が生じたことを知った日」（更正の請求の起算日）と考えます。

民事訴訟法上、即時抗告に対する高等裁判所の決定は、確定判決と同様の効力を生じます。また、高等裁判所の決定に不服がある場合において許可抗告及び特別抗告をしたとしても高等裁判所の決定の執行停止の効力を有しないとされています。

したがって、訴訟による分割確定日は、高等裁判所の決定の告知を受けた日と考えることとなります。

【質疑応答事例7646 Ⅷ 相続税の審理上の留意点】

（東京国税局課税第一部 資産課税課 資産評価官（平成28年7月作成）「資産税審理研修資料」相続事例707646）

Ⅷ　相続税の審理上の留意点

7　遺産分割の審判に係る特別抗告等がされた場合における相続税法第32条に規定する更正の請求期間の起算日について

　被相続人甲の相続人Ａ及びＢは、平成23年3月、家庭裁判所に遺産分割調停の申立てをしたが、調停は不成立となり審判へ移行した。その後の遺産分割に係る審判等の経緯は次のとおりであるが、相続税法第32条《更正の請求の特則》に規定する更正の請求期間の起算日はいつか。

第3章
個別論点詳説

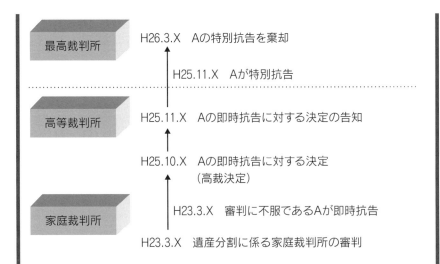

答　相続税法第32条に規定する更正の請求期間の起算日は高等裁判所の即時抗告に対する決定が相続人らに告知された日（H25.11.X）である。

【理由】

　共同相続人間で遺産分割が不調となった場合は、各共同相続人は家庭裁判所に分割を請求することができるとされている（民法907②）。その場合、家庭裁判所における調停又は審判手続により遺産分割が進められる。そして、家庭裁判所の審判に不服がある者は、高等裁判所に対して即時抗告（【用語解説】1及び2）をすることが認められている（家事事件手続法198）。

　さらに、即時抗告に対する高等裁判所の決定に対しては、一定の場合に、①最高裁判所に特別抗告（【用語解説】3）及び②高等裁判所に抗告の許可の申立て（①及び②を併せて、以下「特別抗告等」という。本事例は①。）ができることとされている（家事事件手続法94、97）。

　ただし、この特別抗告等がされた場合でも、確定遮断効（【用語解説】4）を有しないことから、即時抗告に対する高等裁判所の決定に係る告知によって審判は確定することとなる（家事事件手続法74④⑤）。

　したがって、遺産分割に関する家事審判に係る即時抗告に対する高等裁判所の

決定に対して特別抗告等がされた場合における相続税法第32条第1項第1号に規定する事由が生じたことを知った日は、即時抗告に対する高等裁判所の決定に係る告知がされた日であり、当該告知がされた日が同条の規定による更正の請求期間の起算日となる。

【用語解説】
1　抗告

　　民事訴訟法上、判決以外の裁判である決定及び命令に対する上訴のことをいい、事件の実態との関係が薄く、かつ迅速に解決することの必要な事項についての裁判に対しては、終局判決を待たず簡易な手続により独立に上訴させ、事件の本流から切り離して解決させるために認められるものである。

2　即時抗告

　　一定の期間内に提起することを要する抗告で、法律が特にこれを許す旨規定する場合に認められるものである。特に迅速に確定する必要のある裁判について認められる。

3　特別抗告

　　不服を申し立てることができない決定及び命令に対する最高裁判所への抗告をいう。特別上告と同様の精神から、決定及び命令についても最高裁判所の憲法適否の判断を受ける機会を与えるための非常救済手段である。

4　確定遮断効

　　裁判の形式的確定（訴訟法上、裁判が当該訴訟手続内において上訴等の通常の不服申立手段によって取り消される可能性のないことをいう。）を阻止する効力のことをいう。

第3章
個別論点詳説

10 更正の請求における配偶者の税額軽減の適用可否

Q 相続税法第55条に規定する未分割申告をした場合において、その後その分割が確定したときは、その分割が確定した日の翌日から4か月以内に更正の請求をすることができますが、その期限を徒過してしまった場合には、配偶者に対する相続税額の軽減（以下このQにおいて「配偶者の税額軽減」）は適用することはできないでしょうか。

なお、国税通則法第23条第1項による更正の請求期限である5年は経過していません。

A 相続税法第32条に規定する期限と国税通則法第23条第1項に規定する期限といずれか遅い日までに更正の請求をすれば配偶者の税額軽減の適用は可能となります。

解　説

（1）分割確定から4か月以内に更正の請求をしなかった場合

配偶者の税額軽減は、原則として申告期限まで分割されていない財産については、適用できません。ただし、その分割されていない財産が申告期限から3年以内（当該期間が経過するまでの間に当該財産が分割されなかったことにつき、やむを得ない事情がある場合において、税務署長の承認を受けたときは、当該財産の分割ができることとなった日の翌日から4月以内）に分割された場合には、その分割された財産については、配偶者の税額軽減の適用が可能です（相法19の2②）。

また、相続税法第32条第1項において、未分割財産の分割が確定した等の事由が生じた場合には、その事由が生じたことを知った日の翌日から4か月以内

193

に更正の請求をすることができます。

これに対し、国税通則法第23条第1項は、申告書に記載した課税標準等の計算が国税に関する法律の規定に従っていなかったこと又は当該計算に誤りがあったことにより、当該申告書の提出により納付すべき税額が過大であるときは、申告期限から5年以内に限り更正の請求を認めています。

以上のことから、相続税法第32条第1項に規定する更正の請求の期限と国税通則法第23条第1項に規定する更正の請求の期限に違いが生じますが、相続税法第19条の2第3項において「第1項の規定は、第27条の規定による申告書又は国税通則法第23条第3項に規定する更正請求書に、第1項の規定の適用を受ける旨及び同項各号に掲げる金額の計算に関する明細の記載をした書類その他の財務省令で定める書類の添付がある場合に限り、適用する。」と規定されており、更正の請求においてもその適用が認められています。

すなわち、両期限（分割が行われた日から4月を経過する日と申告期限から5年を経過する日）のいずれか遅い日を採用することが可能となっています（相基通32-2）。

したがって、分割確定の日の翌日から4か月を経過してしまったとしても、申告期限から5年以内であれば配偶者の税額軽減の適用は可能となるのです。

(2) 承認申請書の提出を失念した場合

申告期限から3年以内に未分割財産が分割されなかったことにつきやむを得ない事情があるときは、「遺産が未分割であることについてやむを得ない事由がある旨の承認申請書」を申告期限後3年を経過する日の翌日から2月を経過する日までに税務署長に提出しなければなりませんが、この提出を失念した場合には、例え申告期限から5年以内であったとしても配偶者の税額軽減の適用はできませんので注意が必要です。

第3章
個別論点詳説

11

更正の請求等における小規模宅地等の特例の適用可否

Q 相続税法第32条又は国税通則法第23条による更正の請求、相続税法第31条による修正申告又は相続税法第30条による期限後申告（以下このQにおいて「更正の請求等」）をする場合において、小規模宅地等の特例の適用をしたいと考えていますが、特例の適用が認められないケースもあると聞いています。事例別に特例適用可否について教えてください。

A 更正の請求等で小規模宅地等の特例の適用が認められるケースは限定的です。解説にて事例別に回答します。

解　説

（1）適正に手続きが行われている場合

　下記のような適正に手続きが行われているケースでは、更正の請求等において小規模宅地等の特例の適用は認められます。

① 　未分割の期限内申告時に、申告期限後3年以内の分割見込書（以下このQにおいて「分割見込書」）が提出されている場合において、申告期限後3年以内に分割が確定し、その確定した日の翌日から4か月を経過する日までに更正の請求等をした場合

② 　未分割の期限内申告時に、分割見込書が提出され、3年以内に分割が確定しなかったため、遺産が未分割であることについてやむを得ない事由がある旨の承認申請書（以下このQにおいて「承認申請書」）による承認を受けた場合において、その後、分割が確定し、その確定した日の翌日から4か月を経過する日までに更正の請求等をした場合

195

第**3**編
遺産分割等が確定した場合の相続税実務

（2）分割確定から4か月以内に更正の請求をしなかった場合

① 概要

　相続税法第32条において、分割が確定したこと等を知った日の翌日から4か月以内に限り、更正の請求等をすることができると規定されています。

　この4か月という期限を過ぎた場合であっても国税通則法第23条第1項の期限内であれば、配偶者の税額軽減の規定と同様に更正の請求により小規模宅地等の特例の適用は可能でしょうか？

② 結論

　適用できません。

③ 解説

　相続税法第32条は、未分割財産につき申告期限後に分割が行われた場合等において、相続税法特有の後発的事由が生じたときは、その事由が生じた日の翌日から4か月以内に限り更正の請求をすることができることとされています。これに対し、国税通則法第23条第1項は、一般的な更正の請求の期限を法定申告期限から5年としています。したがって、相続税法第32条の更正の請求の特則の期限が過ぎたとしても、国税通則法第23条第1項の規定による更正の請求の期限が過ぎていないことは実務上大いにあり得ます。

　この場合において、国税通則法第23条第1項における更正の請求につき小規模宅地等の特例の適用が可能となるか否かが問題となります。

　租税特別措置法第69条の4第5項において、「相続税法第32条第1項の規定は、前項ただし書の場合その他既に分割された当該特例対象宅地等について第1項の規定の適用を受けていなかった場合として政令で定める場合について準用する。この場合において、必要な技術的読替えは、政令で定める。」と規定して、分割等をした日の翌日から4か月以内であれば更正の請求において小規模宅地等の特例の適用が可能である旨を規定しています。

また、同条第7項において、「第1項の規定は、同項の規定の適用を受けよ
うとする者の当該相続又は遺贈に係る相続税法第27条又は第29条の規定によ
る申告書に第1項の規定の適用を受けようとする旨を記載し、同項の規定によ
る計算に関する明細書その他の財務省令で定める書類の添付がある場合に限
り、適用する。」と申告要件が設けられていますが、配偶者の税額軽減の規定
（相法19の2③）には含まれていた「更正請求書」という文言は含まれておりま
せん。

　すなわち、申告要件が設けられている規定について、期限内にその適用をし
なかったとしても国税通則法第23条第1項に規定する「当該申告書に記載した
課税標準等若しくは税額等の計算が国税に関する法律の規定に従っていなかっ
たこと又は当該計算に誤りがあったこと」には該当しないこととなります。

　つまり、相続税法第32条に規定する期限を徒過してしまった場合には、小
規模宅地等の特例については国税通則法第23条第1項に規定する更正の請求を
することはできません。

　最新の国税不服審判所における公表裁決事例においても小規模宅地等の特例
については、配偶者の税額軽減と異なり、遺産分割確定後4か月以内に更正の
請求をすべきとして請求人の主張を棄却しています。

【東京国税不服審判所 令和3年6月22日裁決】

　請求人らは、申告期限後3年以内の分割見込書を提出し、申告期限から3年以
内に特例対象宅地等を分割しているから、租税特別措置法第69条の4《小規模宅
地等についての相続税の課税価格の計算の特例》第1項の規定による特例（本件
特例）が適用された計算によるべきところ、これと異なる計算をしている申告
（本件申告）には誤りがあるため、請求人らの各更正の請求（本件各更正請求）
は、国税通則法第23条《更正の請求》第1項所定の要件に該当する旨主張する。
しかしながら、本件申告は、租税特別措置法第69条の4第4項本文の規定に従
い、分割されていなかった特例対象宅地等の価額の計算に本件特例を適用しな

かったものであり、国税通則法第23条第1項第1号に規定する課税標準等又は税額等の計算が国税に関する法律の規定に従っていなかったものでも当該計算に誤りがあったものでもない。また、本件特例は、租税特別措置法第69条の4第4項本文において、相続税の申告書の提出期限までに共同相続人又は包括受遺者によって分割が行われていない遺産については適用しないとしつつ、同項ただし書において、その分割されていない遺産が相続税の申告書の提出期限から3年以内に分割された場合には、その分割された遺産についてはこの限りでない旨規定しており、遺産分割が行われたときは、その時点において同条第1項を適用することとしたものであって、申告期限時に遡って適用することを規定したものと解することはできない。そして、本件特例においては、相続税法第19条の2《配偶者に対する相続税額の軽減》第3項のような国税通則法第23条第1項の規定が適用できることを明確に示す規定がない。このように、申告期限までに未分割であった遺産への本件特例の適用は、租税特別措置法第69条の4第4項ただし書に該当した時点（遺産分割の時点）の事実関係及び法律関係を前提にすべきものであるところ、本件各更正請求は、申告期限後に行われた遺産分割の時点の事実関係及び法律関係を前提に本件特例を適用できるとするものであって、申告期限を基準として国税通則法第23条第1項第1号所定の事由に該当するものとはならないから、本件各更正請求は、国税通則法第23条第1項所定の要件に該当しない。

　また、遺産分割確定後4か月以内に更正の請求をしなかったことにより小規模宅等の特例の適用ができず、税理士が依頼者から損害賠償請求を受けた事例が下記の通り存在します。下記事例からも小規模宅等の特例は配偶者の税額軽減とは更正の請求の期限が異なることが明らかであるため、未分割申告後の期限管理には注意が必要です。

第3章
個別論点詳説

遺産未分割で相続税の申告を行ったが、遺産分割が確定したにもかかわらず期限までに更正の請求をしなかったことにより、過大納付相続税額が発生した事例

〈事故の概要〉

　税理士は、依頼者から相続税申告期限までに遺産分割が決まらないとの説明を受けたことから、遺産未分割にて相続税の申告書を提出した。

　しかし、遺産分割確定後4カ月以内に更正の請求書を提出しなければならないところ、期限の確認を失念して4カ月を超えて提出したため、小規模宅地に係る特例の適用による更正の請求が認められなかった。これによる過大納付相続税額について、税理士は依頼者から損害賠償請求を受けた。

事故発覚の経緯

●小規模宅地に係る特例の適用による更正の請求が認められなかったことにより発覚した。

事故の原因

●税理士は未分割にて相続税の申告書を提出したが、遺産分割の調停により分割が確定してすぐに資料を受け取っていたにも関わらず、分割後3年以内に行えばいいと思い込み、分割確定後4カ月以内に提出しなければならない更正の請求書の提出を失念してしまったため。

税賠保険における判断

●税理士が提出の期限をしっかりと確認していれば、更正の請求により小規模宅地等の特例の適用を受けることが認められたため、更正の請求書の提出失念は税理士に責任ありと判断された。

支払保険金

●過大納付相続税額約310万円を認容損害額とし、免責金額30万円を控除した約280万円が保険金として支払われた。

文責：東京海上日動

　出典：株式会社日税連保険サービスホームページ
　　税理士職業賠償責任保険事故事例（2020年7月1日～2021年6月30日）

第**3**編
遺産分割等が確定した場合の相続税実務

(3) 承認申請書の提出を失念した場合

① 概要

　申告期限から3年以内に未分割財産が分割されなかったことにつきやむを得ない事情があるときは、承認申請書を申告期限後3年を経過する日の翌日から2月を経過する日までに提出しなければなりませんが、その提出を失念した場合には小規模宅地等の特例の適用はできませんか？

② 結論

　適用できません。

③ 解説

　承認申請書の提出を失念した場合には、宥恕規定等はなく小規模宅地等の特例の適用はできません。詳しくは**第1編 Q21**を参照してください。

(4) 遺贈により取得した特例対象宅地等につき選択同意を得られなかった場合

① 概要

　相続人は長男と次男の2人のみで、相続財産の中にA土地及びB土地と2つの土地があり、共に特例対象宅地等に該当します。A土地については遺贈により長男が取得することが決定しており、B土地や他の財産については、遺言で取得者が指定されていなかったため未分割財産として当初申告をしています。この当初申告において、長男はA土地につき、小規模宅地等の特例を適用して申告を行いましたが、次男の選択同意を得られなかったため選択同意書を添付していませんでした。この場合において、A土地とB土地に係る小規模宅地等の特例の適用関係を教えてください。

第3章
個別論点詳説

② 結論

A土地については適用できません。B土地については適用可能です。

③ 解説

A土地については、当初申告において特例対象宅地等を取得したすべての相続人の選択同意書を添付できていないため、手続き要件を満たしておらず小規模宅地等の特例の適用ができません。なお、B土地が当初申告において未分割財産であるため特例対象宅地等に該当しないとの考え方もありますが、後述の東京高等裁判所の判決にて未分割財産であっても「相続又は遺贈により取得した財産」に含まれると判断されています。

B土地については、当初申告において分割見込書を添付し、B土地の遺産分割確定日の翌日から4月以内に更正の請求等をすれば、小規模宅地等の特例の適用が可能です。

【東京高等裁判所 平成29年1月26日判決　国税勝訴確定】

1　措置法69条の4第1項は、選択特例対象宅地等を、本件特例を受けようとする個人の取得に係る特例対象宅地等の中から選択したものではなく、同一の被相続人に係る全ての相続人等に係る全ての特例対象宅地等の中から選択したものとしている。これは、相続税の課税価格の確定のためには、同一の被相続人に係る全ての相続人等の課税価格が全ての相続人等との関係において同額で確定されていなければならないところ、相続税の課税価格の計算に係る特例である本件特例においても、同一の被相続人等に係る相続人等が特例対象宅地等のうちそれぞれ異なるものを選択して相続税の課税価格を確定することができない結果となることがないよう、全ての相続人等の間において、選択する特例対象宅地等が同一のものとなることを前提としているからであると解される。

2　上記1を受けて、措置法施行令40条の2第3項は、特例対象宅地等のうち、本件特例の適用を受けるものの選択は、当該相続若しくは遺贈又は贈与により特

例対象宅地等の全てを取得した個人が1人である場合を除き、当該特例対象宅地等を取得した全ての個人の選択同意書を相続税の申告書に添付することを定めているものと解することができる。

3　措置法69条の４第１項の「相続又は遺贈により取得した財産」には未分割財産が含まれるから、本件相続において本件特例の適用を受けるためには、特例対象宅地等を取得した全ての相続人である本件相続人らの選択同意書を相続税の申告書に添付しなければならないにもかかわらず、Xはこれを添付していないのであるから、宅地甲について、本件特例を適用することはできない。

(5) 特例対象宅地等の分割が段階的に確定した場合

① 概要

相続人は長男と二男の２人のみで、相続財産の中にA土地（180㎡・貸付事業用宅地等）及びB土地（150㎡・貸付事業用宅地等）と２つの土地があり、共に特例対象宅地等に該当します。申告期限までに遺産分割が固まらなかったため、全ての相続財産を未分割財産として当初申告をしています。

申告期限から１年後にA土地を長男が相続することのみが確定し、A土地についての一部遺産分割協議書を作成しましたが、B土地を含む他の相続財産の分割が固まってから更正の請求等を行う予定でしたので、特段手続きはしませんでした。その半年後にB土地を含む全ての相続財産の分割が確定し、B土地については、二男が相続することで決着がつきました。

この場合において、最終的に全ての相続財産の分割確定の日の翌日から４か月以内に更正の請求等をすればA土地についても小規模宅地等の特例の適用は可能でしょうか？

② 結論

A土地については適用できません。B土地については適用可能です。

第3章
個別論点詳説

③ 解説

　A土地については、一部遺産分割協議書が整った日の翌日から4か月以内に更正の請求等をしなければ、その後小規模宅地等の特例は一切適用できません。

　概要のケースでは、全ての相続財産の分割確定の日の翌日から4か月以内に更正の請求等をすることにより、B土地の150㎡のみ小規模宅地等の特例の適用が可能です。すなわち、50㎡（200㎡（貸付事業用宅地等の限度面積）－150㎡）を使い切れずに余ってしまいます。

　仮に、概要とは異なり、A土地について、一部遺産分割協議書が整った日の翌日から4か月以内に更正の請求等をしていた場合には、B土地の適用可能面積は20㎡（200㎡－180㎡（A土地の面積））となります。この場合において、B土地150㎡の小規模宅地等の特例を適用した方が有利だからといって、「A土地を50㎡、B土地を150㎡に」というような選択替えはできません。

　したがって、段階的に遺産分割が固まるような場合には、将来を見越して選択特例適用宅地等を決定する必要があります。

（6）遺留分減殺に伴う修正申告及び更正の請求における小規模宅地等の選択替えの可否（令和元年7月1日前に開始した相続）

【国税庁質疑応答事例】

> 遺留分減殺に伴う修正申告及び更正の請求における小規模宅地等の選択替えの可否（令和元年7月1日前に開始した相続）
>
> 【照会要旨】
>
> 　被相続人甲（平成31年3月10日相続開始）の相続人は、長男乙と長女丙の2名です。乙は甲の遺産のうちA宅地（特定居住用宅地等）及びB宅地（特定事業用宅地等）を遺贈により取得し、相続税の申告に当たってB宅地について小規模宅地等の特例を適用して期限内に申告しました。

203

第**3**編
遺産分割等が確定した場合の相続税実務

　その後、丙から遺留分減殺請求がなされ、家庭裁判所の調停の結果B宅地は丙が取得することになりました。

　そこで、小規模宅地等の対象地を、乙は更正の請求においてA宅地と、丙は修正申告においてB宅地とすることができますか（限度面積要件は満たしています。）。なお、甲の遺産の内小規模宅地等の特例の対象となる宅地等は、A宅地及びB宅地のみです。

【回答要旨】

　当初申告におけるその宅地に係る小規模宅地等の特例の適用について何らかの瑕疵がない場合には、その後、その適用対象宅地の選択換えをすることは許されないこととされていますが、照会の場合は遺留分減殺請求という相続固有の後発的事由に基づいて、当初申告に係る土地を遺贈により取得できなかったものですから、更正の請求においてA宅地について小規模宅地等の特例を適用することを、いわゆる選択替えというのは相当ではありません。

　したがって、乙の小規模宅地等の対象地をA宅地とする変更は、更正の請求において添付書類等の要件を満たす限り認められると考えられます。また、当初申告において小規模宅地等の対象地を選択しなかった丙についても同様に取り扱って差し支えないと考えられます。

第3章
個別論点詳説

（7）遺留分侵害額の請求に伴い取得した宅地に係る小規模宅地等の特例の適用の可否（令和元年7月1日以後に開始した相続）

【国税庁質疑応答事例】

遺留分侵害額の請求に伴い取得した宅地に係る小規模宅地等の特例の適用の可否（令和元年7月1日以後に開始した相続）

【照会要旨】

　被相続人甲（令和元年8月1日相続開始）の相続人は、長男乙と長女丙の2名です。乙は甲の遺産のうちA宅地（特定居住用宅地等）及びB宅地（特定事業用宅地等）を遺贈により取得し、相続税の申告に当たってこれらの宅地について小規模宅地等の特例を適用して期限内に申告しました（小規模宅地等の特例の適用要件はすべて満たしています。）。

　その後、丙から遺留分侵害額の請求がなされ、家庭裁判所の調停の結果、乙は丙に対し遺留分侵害額に相当する金銭を支払うこととなりましたが、乙はこれに代えてB宅地の所有権を丙に移転させました（移転は相続税の申告期限後に行われました。）。

　丙は修正申告の際にB宅地について小規模宅地等の特例の適用を受けることができますか。

【回答要旨】

　民法及び家事事件手続法の一部を改正する法律（平成30年法律第72号）による改正により、令和元年7月1日以後に開始した相続から適用される民法第1046条《遺留分侵害額の請求》に規定する遺留分侵害額の請求においては、改正前の遺留分減殺請求権の行使によって当然に物権的効力が生じるとされていた（遺贈又は過去の贈与が無効となり、遺贈又は贈与をされていた財産に関する権利が請求者に移転することとされていた）規定が見直され、遺留分に関する権利の行使によって遺留分侵害額に相当する金銭債権が生じることとされました。

　照会の場合、遺留分侵害額の請求を受けて乙はB宅地の所有権を丙に移転していますが、これは、乙が遺留分侵害額に相当する金銭を支払うために丙に対し遺

205

第**3**編
遺産分割等が確定した場合の相続税実務

贈により取得したB宅地を譲渡（代物弁済）したものと考えられ、丙はB宅地を相続又は遺贈により取得したわけではありませんので、小規模宅地等の特例の適用を受けることはできません。なお、丙は、遺留分侵害額に相当する金銭を取得したものとして、相続税の修正申告をすることになります。

（注）　乙がB宅地を遺贈により取得した事実に異動は生じず、また、乙がB宅地を保有しなくなったのは相続税の申告期限後であることから、遺留分侵害額の請求を受けてB宅地の所有権を丙に移転させたとしても、乙はB宅地についての小規模宅地等の特例の適用を受けることができなくなるということはありません。なお、乙は、遺留分侵害額の請求に基づき支払うべき金銭の額が確定したことにより、これが生じたことを知った日の翌日から4月以内に、更正の請求をすることができます。

第3章
個別論点詳説

遺産分割確定時の土地評価

Q 相続税法第55条による未分割申告をし、現状土地の分割について協議中ですが、土地の分割の仕方によって評価額が異なるのでしょうか。

A 土地の相続税評価は、原則として取得者ごとに評価単位を区分することとなっています。したがって、土地の分割方法によってはその評価額に変更が生じます。実務上頻出論点を事例別に解説します。

解 説

事例別に遺産分割後の土地評価につき解説します。特段記述のない限り土地に係る各種補正は無いものとして計算しています。また、相続人は長男及び二男の2人のみであり、法定相続分は各2分の1との前提で計算しています。

(1) 共有相続の場合

① 未分割申告時

　　長男及び二男の評価額：500千円×300㎡×$\frac{1}{2}$＝75,000千円

　　土地評価合計：75,000千円×2＝1億5,000万円

207

② 分割確定後

長男 $\frac{2}{3}$、二男 $\frac{1}{3}$ の共有相続とすることで確定

長男：500千円×300㎡× $\frac{2}{3}$ ＝1億円

二男：500千円×300㎡× $\frac{1}{3}$ ＝5,000万円

土地評価合計：1億円＋5,000万円＝1億5,000万円

　共有相続の場合には、原則として評価単位に変更はないため分割確定後の評価額合計も同額となります。

(2) 分筆相続の場合

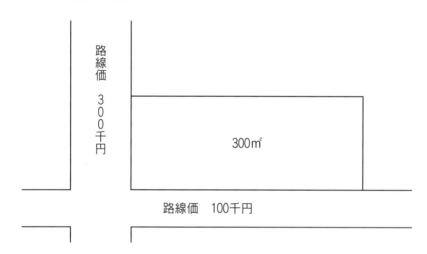

① 未分割申告時

長男及び二男の評価額：

{300千円＋100千円×0.03（側方路線影響加算)}×300㎡× $\frac{1}{2}$ ＝45,450千円

土地評価合計：45,450千円×2＝90,900千円

② 分割確定後

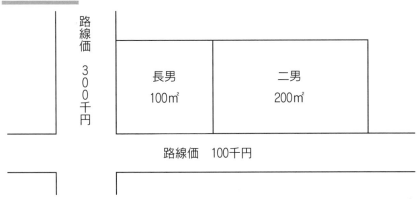

上記の通り分筆相続することで確定
長男：{300千円＋100千円×0.03（側方路線影響加算)}×100㎡＝30,300千円
二男：100千円×200㎡＝20,000千円
土地評価合計：30,300千円＋20,000千円＝50,300千円

　分筆相続したことにより、土地評価合計が未分割申告時90,900千円から分割確定時50,300千円と大幅に減額しています。

(3) 地積規模の大きな宅地の場合

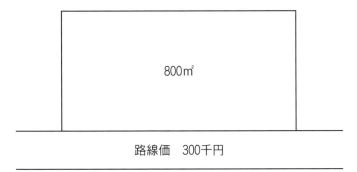

※　三大都市圏に所在する地積規模の大きな宅地に該当

① 未分割申告時

長男及び二男の評価額：

300千円×0.78（規模格差補正率）×800㎡×$\frac{1}{2}$＝93,600千円

土地評価合計：93,600千円×2＝1億8,720万円

※ 規模格差補正率以外の補正は加味していません。

② 分割確定後

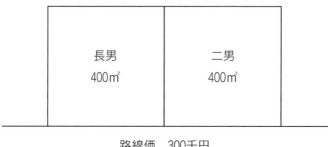

上記の通り分筆相続することで確定

長男及び二男：300千円×400㎡＝1億2,000万円

土地評価合計：1億2,000万円×2＝2億4,000万円

　分筆相続したことにより、土地評価合計が未分割申告時1億8,720万円（地積規模の大きな宅地）から分割確定時2億4,000万円に増額しています。上記（2）と異なり、地積規模の大きな宅地に該当する土地について分筆相続をしてしまうと地積規模の大きな宅地の要件から外れる可能性があるため注意が必要です。

（4）不合理分割の場合

① 未分割申告時

　　長男及び二男の評価額：500千円×300㎡×$\frac{1}{2}$＝75,000千円

　　土地評価合計：75,000千円×2＝1億5,000万円

② 分割確定後

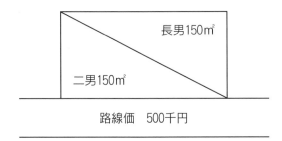

　　上記の通り分筆相続することで確定

　　長男及び二男の評価額：500千円×300㎡×$\frac{1}{2}$＝75,000千円

　　土地評価合計：75,000千円×2＝1億5,000万円

　遺産分割による宅地の分割が親族間等で行われ、その分割が著しく不合理であると認められる場合における宅地の価額は、所有者単位で評価するのではなくその分割前の画地を1画地の宅地として評価します（評基通7－2（1）注）。

第**3**編
遺産分割等が確定した場合の相続税実務

　本事例では、長男取得部分が無道路地かつ不整形地となるため著しく不合理
な分割と認められます。

13

第3章
個別論点詳説

相続税法第32条の更正の
請求における評価額是正の可否

Q 令和×1年3月に相続税法第55条に基づき未分割申告書を提出し、その
後令和×8年5月に遺産分割が確定したため相続税法第32条の規定による更正の請求をする予定です。その際に、当初申告において1億円で評価していた非上場株式につき7,000万円の評価が適正だということが判明しました。この評価誤りも今回相続税法第32条の規定による更正の請求にて是正が可能でしょうか。

A 非上場株式の評価誤りは、相続税法第32条に規定する更正の請求の事由には該当しないため是正することはできません。また、国税通則法第23条第1項における更正の請求の期限も過ぎているため、嘆願等が認められない限りは是正の余地はないと考えます。

解　説

　相続税法第32条第1項第1号の更正の請求は、未分割申告による各相続人の課税価格につき、分割確定によりそれぞれの相続人が取得した相続財産の課税価格が異なることとなったときに限り更正の請求を認めているのであって、その基礎となっている相続財産の評価額の是正まで認めているとは考えません。

　したがって、本件非上場株式の評価誤りが、国税通則法第23条第2項に規定するような後発的事象によるものでない限りは、国税通則法第23条第1項における更正の請求の期限が過ぎていることから当初申告で誤った評価につき是正はできないものと考えます。

第**3**編
遺産分割等が確定した場合の相続税実務

【最高裁判所 令和3年6月24日判決　原判決破棄　確定】

1　被上告人は、江東東税務署長に対し、遺産分割が成立したとして、相続税法32条1号の規定による更正の請求をした。その際、被上告人は、本件各株式の価額を前件判決において認定された価額と同額として税額等の計算をした。江東東税務署長は、被上告人に対し、更正の請求のうち株式の価額の減額を求める部分は、相続税申告（本件申告）における株式の価額に係る評価の誤りの是正を求めるものであり、相続税法32条1号の規定する事由に該当しないこと等を理由として、更正をすべき理由がない旨の通知処分をするとともに、同法35条3項1号に基づき増額更正処分をした。本件更正処分等においては、本件株式の価額を本件申告における価額と同額として税額等の計算をした。

2　原審は、行政事件訴訟法33条1項所定の拘束力により、課税庁は、相続税法32条1号の規定による更正の請求に対する処分及び同法35条3項1号の規定による更正をするに当たり、前件判決における本件各株式の評価方法ないし価額を基礎として遺産分割後の課税価格及び納付すべき税額を計算しなければならないとして、取消請求を認容した。

3　相続税法32条1号の規定による更正の請求においては、一旦確定していた相続税額の算定基礎となった個々の財産の価額に係る評価の誤りを当該請求の理由とすることはできず、課税庁も、国税通則法所定の更正の除斥期間が経過した後は、当該請求に対する処分において上記の評価の誤りを是正することはできないものと解するのが相当である。また、相続税法35条3項1号の規定による更正においても、同様である。

4　処分を取り消す判決が確定した場合には、その拘束力（行政事件訴訟法33条1項）により、処分をした行政庁等は、その事件につき当該判決における主文が導き出されるのに必要な事実認定及び法律判断に従って行動すべき義務を負うこととなるが、上記拘束力によっても、行政庁が法令上の根拠を欠く行動を義務付けられるものではないから、その義務の内容は、当該行政庁がそれを行う法令上の権限があるものに限られるものと解される。

5　そして、相続税法55条に基づく申告の後にされた増額更正処分の取消訴訟に

おいて、個々の財産につき上記申告とは異なる価額を認定した上で、その結果算出される税額が上記申告に係る税額を下回るとの理由により当該処分のうち上記申告に係る税額を超える部分を取り消す旨の判決が確定した場合には、当該判決により増額更正処分の一部取消しがされた後の税額が上記申告における個々の財産の価額を基礎として算定されたものである以上、課税庁は、国税通則法所定の更正の除斥期間が経過した後においては、当該判決に示された価額や評価方法を用いて相続税法32条1号の規定による更正の請求に対する処分及び同法35条3項1号の規定による更正をする法令上の権限を有していないものといわざるを得ない。

6　そうすると、上記の場合においては、当該判決の個々の財産の価額や評価方法に関する判断部分について拘束力が生ずるか否かを論ずるまでもなく、課税庁は、国税通則法所定の更正の除斥期間が経過した後に相続税法32条1号の規定による更正の請求に対する処分及び同法35条3項1号の規定による更正をするに際し、当該判決の拘束力によって当該判決に示された個々の財産の価額や評価方法を用いて税額等を計算すべき義務を負うことはないものというべきである。

7　以上によれば、本件更正処分がされた時点で国税通則法（平成23年法律第114号による改正前のもの）所定の更正の除斥期間が経過していた本件においては、江東東税務署長は、本件更正処分をするに際し、前件判決に示された本件各株式の価額や評価方法を用いて税額等の計算をすべきものとはいえず、本件申告における本件各株式の価額を基礎として課税価格及び相続税額を計算することとなるから、本件更正処分は適法である。

　本件判決以前に非上場株式の評価額について納税者と課税当局で争いがあり、平成25年3月に納税者の主張が認められる判決（株式等保有特定会社の判定の基礎となる株式等の割合が25％から50％に改正された契機となった判決、以下「前件判決」）が確定しています。この前件判決確定から2か月以内に国税通則法第23条第2項による更正の請求をしておけば、本件判決で争点となった非上場株

式の評価額を前件判決による評価額にて相続税の計算ができたとところ、本件ではどのような特殊な事情があったのか不明ですが、当該更正の請求がなされていませんでした。その後、遺産分割確定後の平成26年5月に相続税法第32条第1号に基づく更正の請求により前件判決により認められた非上場株式の評価額を基礎として相続税を計算したところ、当該評価額が認められず当初申告における評価額にて相続税を計算すべきと納税者の主張が排斥された事例です。

　なお、前Qに掲げる土地評価のように遺産分割により評価単位等が異なり課税価格に算入すべき土地評価額に変更を生じた場合において、遺産分割等の確定時が国税通則法第23条第1項の更正の請求期限を過ぎていたときは、前記最高裁判決のように更正の請求時における土地評価額につき、当初申告の評価額を踏襲すべきか否かという疑問が生じます。この点について、私見ではありますが、分筆等により土地の評価単位が当初申告と異なることとなり、課税価格に算入すべき評価額に変更を生じた場合には、相続税特有の後発的事由に該当すると考えられるため相続税法第32条第1項による更正の請求は可能であると考えます。

【国税庁ホームページ　資産課税課情報 第15号（平成18年11月2日）
相続税及び贈与税に関する質疑応答事例について（情報）　問11】

遺産分割により相続税の課税価格の合計額に変動がある場合の相続税法第32条第1号の規定による更正の請求及び同法第35条第3項の規定による更正

問11

　被相続人甲（H12.5.20死亡）の相続人は子A及び子Bの2人であり、相続税の申告期限までに遺産分割協議が調わなかったために相続税法55条の規定により期限内申告書を提出した。

　その後、平成18年5月15日に審判により遺産分割が行われ、各人の課税価格及び相続税額は、次のとおりとなった。

第3章
個別論点詳説

　なお、遺産は一の土地であり、遺産分割前の価額は200であったが、遺産分割
の結果、評価単位が変わったことにより、子Ａが分割取得した土地の価額は
50、子Ｂが取得した土地の価額は250となった。また、当初申告に係る計上漏れ
債務（50）があり、当該債務は子Ｂが負担することとなった。

相続人	分割前 （当初申告）		分割後（案1）		分割後（案2）		分割後（案3）	
	課税価格	税額	課税価格	税額	課税価格	税額	課税価格	税額
子Ａ	100	10	33	3	50	6	50	7
子Ｂ	100	10	167	17	200	24	250	35
合計額	200	20	200	20	250	30	300	42

（注）上記の分割後の各案の課税価格及び税額は、次によりそれぞれ計算したも
　　のである。
　　　1.「（案1）」は、分割の前後において課税価格の合計額は変動しないもの
　　　　として計算（各人の課税価格は、分割前の土地評価額を分割後の土地評
　　　　価額の比であん分して計算）
　　　2.「（案2）」は、分割に基因する土地評価額の変動及び分割に基因しない
　　　　計上漏れ債務を加味して計算
　　　3.「（案3）」は、分割に基因する土地評価額の変動のみ加味して計算
　この場合において、
（1）　子Ａの相続税法第32条第1号の規定による更正の請求は、案1から案3の
　　いずれに基づいてすることができるか。
（2）　（1）の更正の請求に基づき更正をした場合には、子Ｂに対し、相続税法
　　第35条第3項の規定により更正を行うことになるが、当該更正は案1から案3
　　のいずれに基づくべきか。
（答）
　いずれも案3による。
（解説）
1.　相続税の課税対象財産は、遺産分割前は遺産分割共有状態にある相続財産の

217

第**3**編
遺産分割等が確定した場合の相続税実務

相続分に応じた共有持分権であり、遺産分割後は遺産分割により現実に取得した相続財産である。このように遺産分割の前後においては、相続税の課税価格の計算の基礎となる課税対象財産が異なることから「課税価格の合計額」の変動はあり得る。

2．更正の請求の対象となる相続税法第32条第1号に掲げる事由は、文理上、遺産分割に基因する変動であると解されることから、遺産分割による土地評価額の変動はこれに含まれるが、他方、当初申告の過誤（債務の計上漏れ、評価基本通達の適用誤りなど）はこれに含まれないと解される。この点については、多くの裁判例（東京地判H9.10.23、神戸地判H14.10.28）で確認されている。

　したがって、子Aの同号の規定による更正の請求は、当初申告に係る計上漏れ債務を加味できないことから、案3に基づきすることができる。

3．相続税法第35条第3項の規定による更正は、同法第32条第1号から第6号に掲げる事由による更正の請求に基づき更正をした場合において、当該更正の請求をした者以外の者の課税価格又は相続税額に異同が生じたときに、当該事由に基づき行われるものである。

　したがって、相続税法第35条第3項の規定による更正は、当初申告に係る計上漏れ債務を加味できないことから、案3に基づき行うこととなる。

4．なお、上記2の更正の請求に基づいてする更正及び上記3の更正が国税通則法第70条に規定する除斥期間内に行われる場合には、同法第23条第4項又は第24条に規定する更正により、当初申告に係る計上漏れ債務の是正をすることは可能である。

【関係法令通達】
　相法第32条第1号～第6号、第35条第3項
　通法第23条第4項、第24条、第70条

第3章
個別論点詳説

14 遺留分侵害額請求により 財産を取得した場合

Q 下記の前提の場合において、遺留分侵害額請求に基づく合意がされたときの各相続人の相続税、所得税の課税関係をパターン別にそれぞれ教えてください。

●被相続人　母
　相続人　　長女、長男

●遺産　2億円
　（自宅土地1億3,000万円、月極駐車場土地5,000万円、現預金2,000万円）
　※　相続税評価額と時価は同額です。

　自宅土地：100㎡、母と長女が同居、長女が取得したときのみ小規模宅地
　　　　　　等の特例が適用可能
　月極駐車場土地：100㎡、相続開始3年超前から事業開始、長女長男どち
　　　　　　　　　らが相続しても小規模宅地等の特例が適用可能

●公正証書遺言があり、すべての遺産を長女に相続させる旨の内容
●長男が長女に対し相続税の申告期限までに遺留分侵害額請求権を行使
●相続税の申告期限後に遺留分侵害額の支払いについて合意が成立
●遺留分の相続法改正施行日である令和元年7月1日以降の相続開始を前提

A 長女については、遺留分侵害額請求に基づき支払うべき金銭の額が確定した日の翌日から4か月以内に更正の請求をすることができ、長男については、期限後申告書を提出することができます。

　当該更正の請求、期限後申告時における各人の課税価格の合計額は下記の通りです。

●長女（遺留分義務者）

　相続又は遺贈により取得した現物の財産の価額 − 遺留分侵害額に相当する価額

●長男（遺留分権利者）

　相続又は遺贈により取得した現物の財産の価額 ＋ 遺留分侵害額に相当する価額

※　遺留分侵害額に相当する価額についての詳説は次 **Q** を参照してください。

　なお、金銭の支払いに代えて譲渡所得の基因となる財産を交付した場合には、長女に譲渡所得課税がされる可能性があります。

解　説

（1）長女から長男に5,000万円の金銭を交付した場合

① 長女

●相続税の更正の請求

　当初申告の課税価格から長男に交付した5,000万円を控除した金額で更正の請求をします。更正の請求の期限は、遺留分確定を知った日の翌日から4か月以内です（相法32①三）。

●譲渡所得税の確定申告

　金銭は譲渡所得の基因となる財産には該当しないため、譲渡所得税は課税されません。

② 長男

●相続税の期限後申告

　長女から交付を受けた5,000万円の遺産を取得したものとして相続税の期限後申告をします（相法30①）。

第3章
個別論点詳説

期限後申告の期限は条文上定められていませんが、長男の相続税の申告期限はあくまで原則通り相続開始を知った日の10か月後の応当日となります。

（2） 長女から長男に月極駐車場土地5,000万円を交付した場合

① 長女

●相続税の更正の請求

当初申告の課税価格から長男に交付した5,000万円を控除した金額で更正の請求をします。

実際に交付したのは月極駐車場土地ですが、あくまで相続により月極駐車場土地を取得したのは長女ですので、更正の請求においても月極駐車場土地は長女に帰属するものとして相続税を計算します。

改正前の遺留分減殺請求のときの取扱いとは異なりますので注意が必要です。改正後の取扱いについては、遺留分確定により月極駐車場土地を交付した取引を2つに分けて考えるとわかりやすいです。

すなわち、

① 遺留分確定により長男に対して5,000万円相当の金銭債権が発生

② 5,000万円を金銭ではなく月極駐車場で代物弁済

上記②の取引は遺産相続の取引ではなく、長女と長男の遺産相続外の取引と考えます。

なお、小規模宅地等の特例についての補足ですが、更正の請求時においても月極駐車場土地の小規模宅地等の特例の適用を受けるのは長女です。

結果的に月極駐車場土地を取得していないですが、申告期限後に長男に交付しているため申告期限までの保有継続要件を満たすこととなり、更正の請求時においても小規模宅地等の特例の適用が可能です。

また、更正の請求の期限は、遺留分確定を知った日の翌日から4か月以内です。

221

●譲渡所得税の確定申告

　長女は長男に5,000万円相当で月極駐車場土地を譲渡したと考えるため、譲渡所得税の確定申告が必要です。相続税の申告期限から3年以内に譲渡していれば、取得費加算の特例も適用可能です。

② **長男**

●相続税の期限後申告

　長女から交付を受けた5,000万円の遺産を取得したものとして相続税の期限後申告をします。

　長女の場合と同様の考え方で、実際には月極駐車場土地を取得していますが、5,000万円の金銭を取得したものとして相続税の期限後申告をします。

　もちろん、長男は月極駐車場土地を相続により取得したのではなく、代物弁済という遺産相続外の取引により取得しているため、小規模宅地等の特例は適用できません。

(3) 税務署の決定

　税務署長は、長男が期限後申告書を提出しなかった場合において、長女から更正の請求があり、その請求を認めたときは、長男に対し決定をすることとなります。この場合において、その決定処分の期限は、更正の請求があった日から1年を経過した日と法定申告期限から5年を経過する日のいずれか遅い日までとされています（相法35③）。

(4) 長男の加算税、延滞税

　期限後申告をした長男については、正当な理由があると認められるため無申告加算税は賦課されません（通法66①）。また、延滞税についても、相続税の申告期限の翌日から修正申告書を提出した日までの期間は、延滞税の計算の基礎となる期間に算入されません（相法51②）。

第3章
個別論点詳説

15 遺留分侵害額に相当する価額の算出方法

Q 遺留分権利者は遺留分侵害額に相当する価額をその者の課税価格に算入し、遺留分義務者は遺留分侵害額に相当する価額をその者の課税価格から控除しますが、この「遺留分侵害額に相当する価額」の実際の計算方法を教えてください。

A 「遺留分侵害額に相当する価額」は、相続開始の時における時価であることを要しますが、その金額については、相続税法基本通達11の2-10の代償分割が行われた場合に準じて計算することとして差し支えません。

解 説

(1) 遺留分侵害額に相当する価額

遺留分侵害額の支払いの請求の基因となった財産につき、相続開始時の相続税評価額と時価とに乖離がある場合には、相続税法基本通達11の2-10に準じて一定の調整計算が可能となります。

具体的には、遺留分侵害額の支払いの請求の基因となった遺贈に係る財産が特定され、かつ、その財産の相続開始の時における通常の取引価額を基として当該遺留分侵害額が決定されているときの「遺留分侵害額に相当する価額」は、次の算式により計算した金額となります。

(算式)

$$\text{遺留分侵害額} \times \frac{\text{遺留分侵害額の支払いの請求の基因となった遺贈に係る財産の相続開始の時における価額（相続税評価額）}}{\text{遺留分侵害額の支払いの請求の基因となった遺贈に係る財産の遺留分侵害額の決定の基となった相続開始の時における価額（時価）}}$$

223

第**3**編
遺産分割等が確定した場合の相続税実務

（注） 共同相続人及び包括受遺者（遺留分義務者を含む）の全員の協議に基づいて、
上記の方法に準じた方法又は他の合理的と認められる方法によりその遺留分侵
害額に相当する価額を計算して申告する場合は、その申告した額として差し支
えません。

【東京地方裁判所 平成27年2月9日判決】（税務訴訟資料 第265号-19（順号 12602））

> 民法 1041 条所定の価額弁償金の価額の算定の基準時は、事実審の口頭弁論終
> 結の時であると解されること（最高裁昭和 50 年（オ）第 920 号同 51 年 8 月 30
> 日第二小法廷判決・民集 30 巻 7 号 768 頁）からすると、遺留分権利者が取得す
> る価額弁償金を相続税の課税価格に算入するときは、上記に述べたところと同様
> に、価額弁償金の額についての相続開始の時における金額を計算する必要がある
> ものと解される。このことに加え、同法1041条所定の価額弁償金の額は、贈与
> 又は遺贈の目的の価額を基に定められるものであること及び相基通 11 の 2 - 10
> ただし書の（2）の定めの内容からすると、上記の計算は、相基通 11 の 2 - 10
> ただし書の（2）の定めに準じて行うことが合理的であると考えられる。
> ウ　前提事実及び証拠（甲1）によれば、別件訴訟の判決においては、本件相続
> 　に係る相続財産である不動産の一部の価額を基にして、原告らが取得すべき価
> 　額弁償金の額が定められたことが認められる（なお、その控訴審の判決におい
> 　ては、上記不動産の価額が「現時点」の価額である旨の判断が示されている
> 　（乙1）。）。そうすると、原告らが取得した価額弁償金について原告らの相続税
> 　の課税価格に算入すべき額は、被告の主張するとおり、相基通 11 の 2 - 10 た
> 　だし書の（2）の定めに準じて行い、価額弁償金の額に価額弁償の対象となっ
> 　た相続財産の相続税評価額がその財産の価額弁償金の額の決定の基となった価
> 　額に占める割合を乗じて計算すべきである。

（注）　上記判決は、民法及び家事事件手続法の一部を改正する法律（平成 30 年法律
　　第 72 号）による改正前の民法における遺留分減殺請求に伴い価額弁償金を取得

した場合の事例である。

(2) 小規模宅地等の特例の適用を受ける場合

上記(1)の算式中の分子にある「遺留分侵害額の支払いの請求の基因となった遺贈に係る財産の相続開始の時における価額（相続税評価額）」が小規模宅地等の特例の適用前の金額なのか適用後の金額なのか疑問が生じますが、小規模宅地等の特例は、あくまで相続税の課税価格に算入すべき金額を一定割合減額する制度であり、小規模宅地等の特例適用後の金額は、相続開始時における相続税評価額を表したものではありません。

上記(1)の算式は、遺留分侵害額請求に基づき支払うべき金額を、その算定の基礎となった財産の相続開始時の相続税評価額に引き直すものであることから、上記算式の分子の金額は、小規模宅地等の特例適用前の宅地等の価額によることが相当です。

(3) 贈与の場合

特定贈与者から贈与を受けた財産につき遺留分侵害額請求を受けた場合において、その支払うべき金銭の額が確定したときは、下記国税庁質疑応答事例に基づき計算することとなります。

【国税庁質疑応答事例】

特定贈与者から贈与を受けた財産について遺留分侵害額の請求に基づき支払うべき金銭の額が確定した場合の課税価格の計算

【照会要旨】

特定贈与者から贈与を受けた財産について遺留分侵害額の請求に基づき支払うべき金銭の額が確定した場合、当該贈与財産の価額は、特定贈与者の死亡に係る

相続税の計算において相続時精算課税適用者の相続税の課税価格に算入しなくて
もよいですか。

【回答要旨】

　相続税法は、遺留分侵害額の請求に基づき支払うべき金銭の額が確定した場合
において、それにより金銭の支払を受けた者は、相続税の申告（期限後申告又は
修正申告）をすることができることとし、反面、金銭を支払った者は、既に申告
した贈与税について更正の請求をすることができる旨規定しています。

　したがって、特定贈与者から贈与を受けた財産について遺留分侵害額の請求を
受け、その支払うべき金銭の額が確定した場合、既に申告した贈与税については
更正の請求をすることによりその財産の価額から次に掲げる算式により求めた価
額を控除したところで減額更正されることとなります。また、特定贈与者の死亡
に係る相続税の計算において相続税精算課税適用者の相続税の課税価格に算入さ
れる財産の価額は、減額更正後の価額となります。

（算式）

$$\boxed{\begin{array}{c}\text{遺留分侵害額の請求に基づ}\\\text{き支払うべき金銭の額}\end{array}} \times \frac{\boxed{\begin{array}{l}\text{遺留分侵害額の支払の請求の基因となった相続時}\\\text{精算課税適用財産の贈与の時における価額（相続}\\\text{税評価額）}\end{array}}}{\boxed{\begin{array}{l}\text{遺留分侵害額の支払の請求の基因となった相続時}\\\text{精算課税適用財産の遺留分侵害額の決定の基と}\\\text{なった相続開始の時における価額（時価）}\end{array}}}$$

　（注）　共同相続人及び包括受遺者（遺留分義務者を含む。）の全員の協議に基づいて、上
　　　　記の方法に準じた方法又は合理的と認められる方法により、その遺留分侵害額に相
　　　　当する価額を計算して申告する場合は、その申告した額として差し支えありません。

16

第3章
個別論点詳説

遺留分侵害額請求により財産を取得した場合の期限後申告の有無

Q 令和×1年2月10日に亡くなった被相続人甲の相続人は、配偶者乙と長男丙の2名です。甲は、遺産1億円のすべてを乙に相続させる旨の遺言を残していました。乙はその遺言に基づき相続税の期限内申告を済ませています。なお、配偶者の税額軽減により納付税額はゼロでした。
丙は乙に対して遺留分侵害額請求を令和×2年1月30日に行使し、話し合いの結果、令和×8年10月20日に乙が丙に2,500万円を支払うことで合意しました。この場合において、乙及び丙の課税関係を教えてください。

A 乙については、当初申告による相続税額がゼロであるため更正の請求の必要はありません。丙については、相続税の除斥期間が経過しているため期限後申告をする必要はありません。

解　説

(1) 乙の更正の請求の可否

　遺留分侵害額の請求に基づき支払うべき金銭の額が確定したことにより当初申告に係る相続税額が過大となったときは、支払うべき金銭の額が確定した日の翌日から4か月以内に限り、納税地の所轄税務署長に対し、更正の請求をすることができます（相法32①三）。ただし、乙については、納付すべき相続税額が存在しないため、遺留分侵害額の請求に基づき支払うべき金銭の額が確定したとしても、これを事由に更正の請求をすることはできません。

227

（2）丙の期限後申告の可否

　税務署長は、相続税の法定申告期限から5年を経過した日以後においては、決定をすることができません（通法70①）。質問のケースでは、法定申告期限が令和×1年12月10日となり、遺留分侵害額請求につき決着した日が令和×8年10月20日であり、相続税の除斥期間を既に経過しています。

　なお、上記の除斥期間を経過した後であっても、乙が更正の請求をしたときは、その請求の日から1年を経過した日までであれば新たに納税義務者となった丙に対して決定をすることができます（相法35③二）。ただし、乙については上記（1）の記載の通り更正の請求をしていませんので、丙が期限後申告をしていなくても税務署長は決定をすることはできません。

　したがって、質問の事例では、丙は期限後申告をする必要がないこととなります。

　なお、質問の事例とは異なり、丙が期限後申告が必要な者に該当した場合の相続税の申告期限についてですが、遺留分侵害額請求により財産を取得して新たに納税義務者になった場合においても例外規定は設けられていないため、原則通り、相続の開始があったことを知った日の翌日から10か月以内となります（相法27①）。この場合における期限後申告に係る無申告加算税は、正当な理由があると認められるため賦課されません（通法66①）。

　また、当該期限後申告に係る延滞税についても、相続税の申告期限の翌日から期限後申告書を提出した日までの期間は、延滞税の計算の基礎となる期間に算入されません（相法51②）。

第3章
個別論点詳説

17 遺言無効の判決により遺産分割をした場合の更正の請求の可否

Q 令和×1年5月に亡くなった被相続人甲の相続人は、長男と二男の2人です。甲は、長男に対して全ての財産を相続させる旨の遺言を残して亡くなり、長男は、この遺言に基づき相続税の申告書を期限内に提出しました。二男については、この遺言が無効であることの訴訟を令和×1年10月に提起し、その後令和×7年3月に遺言が無効であることが最高裁判決にて確定しました。

この判決を受けて、長男と二男で分割協議をし、令和×7年10月に遺産分割が確定しましたが、この分割確定により、長男は更正の請求が可能でしょうか。

- -

A 長男は当初申告において相続税法第55条に規定する未分割申告をしていませんので遺産分割確定に伴い相続税法第32条第1項第1号に規定する更正の請求はできません。

解 説

　相続税法第32条第1項第1号に規定する更正の請求は、相続税法第55条に規定する未分割申告を行っていることが要件とされています。長男は、遺言無効の最高裁判決の前に遺言に基づく期限内申告書を提出しており、この申告書は相続税法第55条に規定する申告書ではないため、その後遺産分割が確定したとしても相続税法第32条第1項第1号の要件を満たさないこととなります。

　長男は、最後の遺産分割が確定したタイミングではなく、最高裁において遺言無効の判決が確定したタイミングで相続税法第32条第1項第6号、同施行令第8条第2項第1号に規定する更正の請求をすべきでした。

　この更正の請求において、相続税法第55条に基づき未分割として民法に定める相続分で課税価格を計算し、その後令和×7年10月に遺産分割が確定した

後4か月以内に相続税法第32条第1項第1号に規定する更正の請求又は修正申告をするという流れが本件の場合の適正な税務手続きであったと考えます。

【金沢国税不服審判所 平成20年10月29日裁決】(国税不服審判所ホームページ)

> 請求人は、本件申告は分割されていない遺産について相続税法第55条の規定により計算したものであるから、本件更正の請求は、同法第32条第1号に規定する要件を備えた適法なものである旨主張する。しかしながら、本件遺言が無効である旨の本件判決が確定したことにより、すべての相続財産は未分割の状態にあることが明らかにされたものと認められ、その後、審判によりその未分割の状態にあった財産の分割が行われたのであるから、本件判決により未分割の状態にあることが明らかになった相続財産について、相続税法第55条の規定に基づく申告又は更正若しくは決定がなされていたかどうかで、本件更正の請求が同法第32条第1号の更正の請求の要件を満たすか否かを判断すべきこととなる。
>
> この点、本件申告は、本件判決の前になされているものであって、本件更正の請求の直前における請求人の相続税の課税価格は、本件判決により未分割の状態にあった相続財産について相続税法第55条の規定に基づき民法の規定による相続分又は包括遺贈の割合に従って計算されていたものでないことは明らかである。
>
> したがって、本件更正の請求は、相続税法第32条第1号に規定する要件を欠くものであるから、本件更正の請求に対して更正をすべき理由がないとしてなされた通知処分は適法である。

18

第3章
個別論点詳説

特別寄与料の支払いがあった場合

Q 相続法の改正で創設された特別寄与料の支払いがあった場合の相続税の課税関係を教えてください。

A 特別寄与者が取得する特別寄与料の額が確定したときに、当該特別寄与料の額に相当する金額を当該特別寄与者による特別の寄与を受けた被相続人から遺贈により取得したものとみなされ相続税の課税対象になります。一方、特別寄与料を支払うべき相続人の相続税の課税価格から、当該特別寄与料の額のうちその者の負担に属する部分の金額を控除します。

解　説

(1) 特別寄与料

① 制度趣旨

　相続法改正前までは、寄与分は相続人にのみ認められていた権利でした。したがって、相続人以外の長男の配偶者等が被相続人を介護したり、財産増加に寄与したとしても遺産を分けてもらうことはできませんでした。このような相続人以外の者の被相続人に対する貢献を考慮することにより、相続における遺産分配の公平性をより高めるために、相続人以外の者にも一定の財産を請求できる権利が与えられました。

② 特別寄与者

　特別寄与者とは、被相続人に対して無償で療養看護その他の労務の提供をしたことにより被相続人の財産の維持又は増加について特別の寄与をした被相続人の親族（相続人、相続の放棄をした者及び相続欠格又は廃除によってその相続権

を失った者を除く）をいいます（民1050①）。

③ 特別寄与料の額の算出方法

特別寄与料については、当事者間の協議により算出することになりますが、当事者間の協議が調わないとき、または協議をすることができないときは、特別寄与者は、家庭裁判所に対して協議に代わる処分を請求することができます（民1050②）。この場合において、家庭裁判所は、寄与の時期、方法及び程度、相続財産の額その他一切の事情を考慮して、特別寄与料の額を決定します（民1050③）。

④ 特別寄与料の負担割合

相続人が複数人いる場合には、各相続人は、特別寄与料の額に法定相続分又は指定相続分を乗じた額を負担します（民1050⑤）。

⑤ 権利行使期限

特別寄与料の請求は、特別寄与者が相続の開始及び相続人を知った時から6か月を経過したとき、又は相続開始の時から1年を経過したときまでにしなければなりません（民1050②）。

（2）特別寄与者の相続税の取り扱い

① 課税関係

特別寄与者が支払いを受けるべき特別寄与料の額が確定した場合においては、当該特別寄与者が、当該特別寄与料の額に相当する金額を当該特別寄与者による特別の寄与を受けた被相続人から遺贈により取得したものとみなし、相続税が課税されます（相法4②）。特別寄与者につき相続税の課税関係が発生するのは特別寄与料を請求した時点ではなく、特別寄与料の額が確定した時点となりますので注意が必要です。

なお、相続税の課税価格から控除できる葬式費用の額は、相続人又は包括受遺者が負担したものに限られていますが、特別寄与者が、現実に被相続人の葬式費用を負担した場合には、特別寄与料の額からこれらの費用の金額を控除した価額をもって、当該特別寄与料の額として取り扱います（相基通4-3）。

② 相続税の申告期限

支払いを受けるべき特別寄与料の額が確定した場合において、新たに相続税の申告書を提出すべき要件に該当することとなった者については当該相続税の申告書を、相続税の申告書又は期限後申告書を提出した者について既に確定した相続税額に不足が生じたときには修正申告書を、その確定したことを知った日の翌日から10か月以内に納税地の所轄税務署長に提出しなければなりません（相法 29①、31②）。

(3) 特別寄与料を支払う相続人の相続税の取り扱い

① 課税関係

特別寄与者が支払いを受けるべき特別寄与料の額が当該特別寄与者に係る課税価格に算入される場合においては、当該特別寄与料を支払うべき相続人が相続又は遺贈により取得した財産については、当該相続人に係る課税価格に算入すべき価額は、当該財産の価額から当該特別寄与料の額のうちその者の負担に属する部分の金額を控除した金額によります（相法13④）。

② 更正の請求期限

支払うべき特別寄与料の額が確定した場合において、相続税について申告書を提出した者又は決定を受けた者の当該申告又は決定に係る課税価格及び相続税額が過大となったものは、その確定したことを知った日の翌日から4か月以内に限り、納税地の所轄税務署長に対し、更正の請求をすることができます（相法32①七）。

第4編

未分割等の場合の所得税・消費税の実務

第 1 章

所得税の実務

1 準確定申告の納付額、還付額の負担

Q 被相続人が生前に個人事業を営んでいたため準確定申告を行いますが、その場合の準確定申告の申告納付は相続人の誰が行うべきものでしょうか。

また、準確定申告の結果、還付申告となる場合の還付金額の取扱いについても教えてください。

A 準確定申告の納付税額は、原則として、相続人が2人以上いるときは、法定相続分又は遺言による指定相続分がある場合にはその指定相続分により按分して計算した額により各相続人が負担することとなります。

また、準確定申告が還付申告となる場合の還付金額についても、原則として、納付同様に、相続人が2人以上いるときは、法定相続分又は遺言による指定相続分がある場合にはその指定相続分により按分して計算した額により各相続人が還付を受けることとなります。

ただし、実務上の取り扱いについて、特定の相続人が代表して納付をし、又は還付を受けるようなケースも見受けられます。

第**4**編
未分割等の場合の所得税・消費税の実務

解　説

（1）準確定申告の申告納付

　確定申告書を提出すべき被相続人が、その年の翌年1月1日から当該申告書
の提出期限までの間に当該申告書を提出しないで死亡した場合には、その相続
人は、確定損失申告の場合を除き、その相続の開始があったことを知った日の
翌日から4月を経過した日の前日（同日前に当該相続人が出国をする場合には、
その出国の時）までに、税務署長に対し、準確定申告書を提出しなければなり
ません（所法124①）。

　もしくは、被相続人が年の中途において死亡した場合において、その被相続
人のその年分の所得税について確定所得申告を提出しなければならない場合に
該当するときは、その相続人は、確定損失申告の場合を除き、その相続の開始
があったことを知った日の翌日から4月を経過した日の前日（同日前に当該相
続人が出国をする場合には、その出国の時）までに、税務署長に対し、準確定申
告書を提出しなければなりません（所法125①）。

　この場合において、相続人が2人以上あるときは、各相続人の相続分（法定
相続分・代襲相続人の相続分・遺言による相続分の指定（民900~902）。以下「法定
相続分又は指定相続分」）により按分して計算した額に相当する所得税の額を準
確定申告書に記載することとされています（所令263①、所規49①三）。

　準確定申告書の提出期限は、相続開始後4か月以内であるため、相続人が複
数いるような場合には、被相続人の生前に係る所得税の納付額の負担を誰が行
うのか決まっていない状態で準確定申告を行うことがほとんどです。したがっ
て、相続人が2人以上いるときは、各相続人が法定相続分又は指定相続分によ
り申告納付を行います。

　なお、実務上は、相続人が2人以上いるような場合において、特定の相続人
が代表してその納付額を負担し、その後の遺産分割協議において当該納付額相
当を考慮した遺産分割が行われているようなケースも見受けられます。

(2) 還付を受けるための申告

被相続人が年の中途において死亡した場合において、その被相続人のその年分の所得税について還付等を受けるための申告書を提出することができる場合に該当するときは、その相続人は、税務署長に対し、還付所得税について準確定申告書を提出することができます（所法125②）。

被相続人の準確定申告により所得税が還付される場合についても、相続人が2人以上いるときは、法定相続分又は指定相続分により還付申告を行います（所令263①、所規49①三、所基通124・125－1）。

準確定申告書の提出期限は、相続開始後4か月以内であるため、相続人が複数いるような場合には、被相続人の生前に係る所得税の還付額の取得についても誰が還付を受けるのか決まっていない状態で準確定申告を行うことがほとんどです。したがって、相続人が2人以上いるときは、各相続人が、法定相続分又は指定相続分により還付申告を行います。

なお、実務上は、相続人が2人以上いるような場合において、特定の相続人が代表してその還付額を受領し、その後の遺産分割協議において当該還付額相当を考慮した遺産分割が行われているケースも見受けられます。この還付金額の受領については、相続人の代表者に一括受領して受け取らせる場合には、準確定申告書に代表者以外の相続人の委任状、遺産分割協議書、又は遺言等を添付することが必要となります。

第**4**編
未分割等の場合の所得税・消費税の実務

委 任 状

（準確定申告用）

令和　　年　　月　　日

【被相続人】

住　所 ＿＿＿＿＿＿＿＿＿＿＿＿＿＿＿＿＿＿＿＿＿＿＿＿＿

氏　名 ＿＿＿＿＿＿＿＿＿＿＿＿＿＿＿＿＿＿＿＿＿＿＿＿＿

【受任者（相続人代表等）】

住　所 ＿＿＿＿＿＿＿＿＿＿＿＿＿＿＿＿＿＿＿＿＿＿＿＿＿＿＿＿

氏　名 ＿＿＿＿＿＿＿＿＿＿＿＿＿＿＿　電話番号 ＿＿＿＿＿＿＿＿＿＿＿

【還付金受取場所】

※　受任者名義の口座を記載してください。

銀行・信用金庫	本店・支店
労働金庫・信用組合	本所・支所
農　協　・　漁　協	出張所

預金種類　　普通　・　当座　・　納税準備

口座（記号）番号 ＿＿＿＿＿＿＿＿＿＿＿＿＿＿＿＿＿＿＿＿＿＿＿

上記の者に、　平成・令和　　　年分　　　　　　　　税準確定申告に係る還付金
（還付加算金を含む。）の受領の権限を委任します。

【委任者】

住　　　　所	氏　　　名	印

出典：国税庁ホームページ

第1章

所得税の実務

委任状（準確定申告用）の記載要領

1　「委任状（準確定申告用）」は、準確定申告書に係る還付金を、相続人の代表者等に一括受領させる場合に提出する書類です。
　　確定申告書付表とともに提出してください。

2　各欄は、次により記載してください。
　⑴　【被相続人】欄
　　　被相続人の住所、氏名を記載してください。
　⑵　【受任者（相続人代表者等）】欄
　　　相続人代表者等の住所、氏名及び電話番号を記載してください。
　⑶　【還付金受取場所】欄
　　　受任者（相続人代表者等）名義の口座を記載してください。
　　　なお、ゆうちょ銀行での受取りを希望する場合は、「口座（記号）番号」欄に「記号」及び「番号」の両方を記載してください。
　⑷　【委任者】欄
　　　各相続人本人が住所及び氏名を手書きの上、捺印してください。

第**4**編
未分割等の場合の所得税・消費税の実務

(3) 納付額又は還付額に係る相続税の取り扱い

　被相続人の準確定申告により納付すべき所得税は、被相続人の確定債務として相続財産から債務控除することができます。

　一方で、所得税が還付されるときは、その還付請求権は未収金として被相続人本来の相続財産を構成することになります。

　また、この還付金について、還付加算金が生じることがありますが、還付加算金は相続人が確定申告書の提出をすることによって原始的に取得するものであり、被相続人からの相続によって取得するものではないため、相続人の雑所得として所得税の課税対象となり、相続税の課税価格には算入されません（所基通35−1（4）、通法58）。

【国税庁質疑応答事例】

被相続人の準確定申告に係る還付金等

【照会要旨】

　被相続人が8月に死亡したので、相続人は準確定申告書を提出し、7月に納付した予定納税額のうち一部の還付を受けました。

　この場合の還付金及び還付加算金は、被相続人の死亡後相続人について発生するものですから、相続財産であるとはいえず、相続税の課税価格に算入されないと考えてよろしいですか。

【回答要旨】

1　還付金請求権は（本来の）相続財産であり、相続税の課税の対象となります。還付金請求権は、被相続人の死亡後に発生するとしても、被相続人の生存中に潜在的な請求権が被相続人に帰属しており、これが被相続人の死亡により顕在化したものと考えられます。

　したがって、これらの請求権に基づいて還付金を取得した場合は、相続税の課税の対象となります。

第1章
所得税の実務

2　還付加算金は相続人が確定申告書の提出によって原始的に取得するもので、被相続人からの相続によって取得するものとは認められないため、所得税（雑所得）の課税対象となり、相続税の課税価格には算入されません。

第4編 未分割等の場合の所得税・消費税の実務

未分割遺産に対する収入の申告

Q 相続税の申告期限までに遺産分割協議が調わず、未分割で相続税申告を行う予定です。その場合における未分割の賃貸不動産の収入に係る所得税の納付は誰が負担すべきものでしょうか。

A 相続発生から遺産分割協議が確定するまでの間において未分割の賃貸不動産から生じた所得については、所得税の申告において、各共同相続人がその相続分に応じた所得をそれぞれ申告納付することとなります。

解 説

(1) 収入の帰属

遺産分割協議が調わない場合における未分割の賃貸不動産に係る賃貸料収入については、その相続分（法定相続分又は遺言による指定相続分がある場合にはその指定相続分）に応じて、各共同相続人にそれぞれ賃貸料収入が帰属するものとされます。例えば、もし一人の相続人がその賃貸不動産を管理していたとしても、原則として、その相続人だけで所得税の申告納付を行うことにはならず、各共同相続人が申告納付を行うこととなります。

【国税庁タックスアンサー】

No.1376　不動産所得の収入計上時期
未分割遺産から生ずる不動産所得
Q　賃貸の用に供している不動産を所有していた父が亡くなりましたが、遺言もなく、現在共同相続人である3人の子で遺産分割協議中です。この不動産から生

ずる収益は長男の名義の預金口座に入金していますが、不動産所得はその全額を
長男が申告すべきでしょうか。

A　相続財産について遺産分割が確定していない場合、その相続財産は各共同相
続人の共有に属するものとされ、その相続財産から生ずる所得は、各共同相続人
にその相続分に応じて帰属するものとなります。

　したがって、遺産分割協議が整わないため、共同相続人のうちの特定の人がそ
の収益を管理しているような場合であっても、遺産分割が確定するまでは、共同
相続人がその法定相続分に応じて申告することとなります。

　なお、遺産分割協議が整い、分割が確定した場合であっても、その効果は未分
割期間中の所得の帰属に影響を及ぼすものではありませんので、分割の確定を理
由とする更正の請求又は修正申告を行うことはできません。

　下記判決により、未分割の賃貸不動産から生じる賃貸料収入について、分割
協議が調わない場合であっても、その相続分の割合によって各相続人の課税対
象とされることが明らかにされています。

【神戸地方裁判所 平成3年1月28日判決】（TAINS・Z182-6640）

　納税者は、被相続人の賃貸人としての地位を相続によって相続分の割合によっ
て承継したものというべきであるから、右賃料の取得をもって不動産所得（所得
税法26条1項）があったことになるというべきで、相続人間で右賃貸借の対象物
件を含む相続財産の帰属についての争いが未決着であることを理由に所得税の課
税を留保することは、納税義務者の恣意を許容し、課税の公平を著しく害するこ
とになるから、許されないと解すべきである。

　また、民法上では、分割協議が調った後に各相続人に帰属した財産は、相続
開始時に遡ってその効力が生じ取得したものとされます（民909）が、一方で
未分割の賃貸不動産から生じる賃貸料収入債権は、相続財産とは別個の財産で

あり、その共有財産から生じる法定果実を受けとる分割単独債権として共同相続人全員に帰属するものとされています。

【最高裁判所 第一小法廷平成17年9月8日判決】（裁判所ホームページ）

> 遺産は、相続人が数人あるときは、相続開始から遺産分割までの間、共同相続人の共有に属することになるのであるから、この間に遺産である賃貸不動産を使用管理した結果生ずる金銭債権たる賃料債権は、遺産とは別個の財産というべきであって、各共同相続人がその相続分に応じて分割単独債権として確定的に取得するものと解するのが相当である。遺産分割は、相続開始時に遡ってその効力を生ずるものであるが、各共同相続人がその相続分に応じて分割単独債権として確定的に取得した上記賃料債権の帰属は、後にされた遺産分割の影響を受けないものというべきである。

したがって、遺産分割協議成立までに行われた確定申告に係る相続分と異なる相続分で遺産分割協議が調った場合においても、当該未分割の賃貸不動産に係る賃貸料収入については、既に確定した課税関係に変動が生じることはなく、過年度の更正の請求や修正申告は行いません。

なお、遺産分割協議が調った後の賃貸料収入については、分割協議によりその賃貸不動産を相続することとなった相続人が、その実際に相続したその賃貸不動産に係る賃貸収入について、確定申告すべきこととなります。

第1章
所得税の実務

【原則的取り扱い】

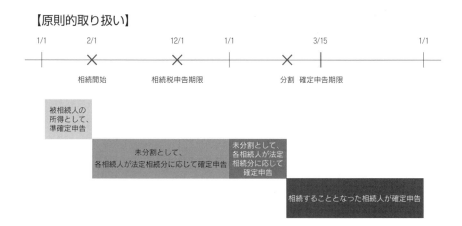

　一方で、遺産分割協議が調っていない場合においても、相続人間においてその未分割の賃貸不動産の相続につきその不動産事業を引き継ぐ特定の相続人が単独で取得することの合意ができているようなときは、その合意に従って当該特定の相続人がその未分割の賃貸不動産から生じる全ての収入を収受したものとして所得税の申告納付を行っているようなケースも見受けられます。

　実務における取引慣行に基づいて行われているようなケースであり、本来的には誤った計算となります。未分割の賃貸不動産についての分割合意の確認が可能であり、かつ、家賃収入の計上漏れがないのであれば、税務当局が改めて相続人間の所得税の配分を修正するような処分を行う可能性は低いものと考えられますが、あくまで原則的な取り扱いは相続分に応じて各共同相続人に帰属すべきものとなります。

第4編
未分割等の場合の所得税・消費税の実務

【実務における誤った計算】

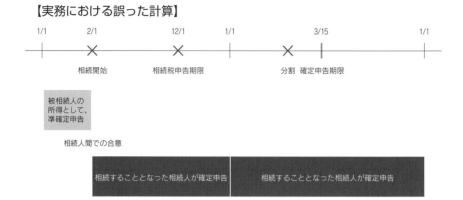

　なお、上述のような実務上の取り扱いが散見される中で、未分割の不動産から生じる賃料収入の全部がその不動産事業を引き継ぐ特定の相続人に帰属するか否かが争点となり、結果として、相続開始から遺産分割までの間の当該不動産から生ずる収入について、法定相続分などに応じた単独債権として各共同相続人に帰属することが相当とした裁決もあるので注意が必要です。

　例えば、その不動産事業を引き継ぐ特定の相続人の合計所得が、他の共同相続人の合計所得に比して低く、所得税率に著しい乖離があるような場合には、この裁決のような処分を受ける可能性もあるものと考えられます。

【大阪国税不服審判所　平成27年6月19日裁決　要旨】（裁判所ホームページ）

　原処分庁は、請求人ほか3名の相続人らが相続した不動産の共有持分から生ずる賃料収入について、請求人が他の相続人ら3名に渡しておらず、また、その全額を請求人の不動産所得として申告していたことなどからすれば、当該賃料収入の全額が請求人に帰属するものである旨主張する。

　しかしながら、相続開始から遺産分割までの間に共同相続に係る不動産から生ずる金銭債権たる賃料債権は、各共同相続人がその相続分に応じて分割単独債権として確定的に取得し、その帰属は、後にされた遺産分割の影響を受けないもの

第1章
所得税の実務

と解するのが相当であるから、当該賃料収入は、その全額が請求人に帰属するのではなく、法定相続分に応じて請求人ほか3名の相続人らにそれぞれの割合で帰属するものと認めるのが相当である。

(2) 事業的規模の判定

　不動産の貸付けが「不動産所得を生ずべき事業」(以下、「事業的規模」という) として行われているか否かは、「社会通念上事業と称するに至る程度の規模で不動産の貸付けを行っているか否かにより判定する」とされており、資産の規模、収入状況、人的物的施設等によりその事業的規模を判断していきます。

　この事業的規模は、実務上、いわゆる「5棟10室基準」といわれる形式基準を満たすか否かにより判断されますが、貸主に相続が発生した場合において、その貸主である被相続人の不動産が未分割であるときに、当該形式基準を満たすか否かについてどのように判断するのか疑問が生じます。つまり、未分割の不動産について、被相続人の不動産全体の貸付けによるのか、それとも法定相続分などで按分した後の共同相続人ごとの貸付け規模で判断するのかということです。

　被相続人が所有していた未分割の不動産の貸付の場合には、遺産分割協議が調うまでは各共同相続人間で共有の状況にありますが、その賃料収入は上述(1)のとおり各共同相続人に法定相続分等で帰属します。このことから、一見すると、被相続人の事業的規模についても、法定相続分に応じて各共同相続人に帰属するように思われますが、法定相続分で按分した室数や棟数ではなく、共有持ち分を合計した、つまり未分割である不動産全体の被相続人の事業的規模により判定することとなるものと考えられます。

第**4**編
未分割等の場合の所得税・消費税の実務

3 遺留分侵害額請求がされた場合の収入の帰属

Q 遺言により取得した賃貸不動産について、相続発生後にその取得した相続人が賃貸事業を引き継ぎ、不動産所得を得て確定申告を行っていましたが、相続税の申告後に別の相続人から遺留分侵害額請求があり争いが生じました。この場合の賃料収入に係る所得税は誰が負担すべきものになるのでしょうか。

A 民法改正後は、賃貸不動産から生じる賃料収入はすべて遺言により賃貸不動産を取得した相続人（以下「遺留分侵害者」という）の所得となりますので、当該賃料収入にかかる所得税もすべて遺留分侵害者が負担することとなります。

解 説

相続税法では、遺留分侵害額請求がされている場合には、その請求がないものとして遺言書に基づき相続税申告をすることとなります（**第2編Q4**参照）（相基通11の2-4）。

一方で、所得税法においては、相続税法のような遺留分の侵害額の請求がされている場合の取り扱いについての規定が定められておらず、また、遺言の形式（**第2編Q2**参照）によって遺留分侵害者と遺留分権利者との権利移転関係が異なることなどから、旧制度の中ではその不動産から生じる収入について、画一的に解説することは困難なものでありました。

このことから、旧制度の下では、遺留分の減殺請求後の所得については、遺留分侵害者は、最終的に遺留分権利者が取得した不動産の持分割合に応じた収益分に対する返還義務を負い、争いの確定時に遺留分権利者へ返還されることとされていました。

第1章
所得税の実務

　しかし、民法改正によって遺留分減殺請求権は遺留分侵害額請求権として金銭債権化されましたので、引き継ぐ賃貸不動産は侵害額請求後も共有ではなく遺留分侵害者の単独所有となります。したがって、侵害額請求後の当該賃貸不動産から生じる賃料も当然に遺留分侵害者の単独の所得となりますので、所得税も遺留分侵害者が納付すべきこととなります。

第**4**編
未分割等の場合の所得税・消費税の実務

4 未分割遺産を譲渡した場合の申告

Q 未分割遺産である土地を譲渡したときの譲渡所得に係る所得税は誰が負担すべきものですか。

A 相続財産を売却し金銭に換えた上で、その換価代金を各共同相続人間で分割することを「換価分割」といいます。
ご照会のケースは、この「換価分割」に該当し、換価時における取得割合が確定している場合にはその割合により、取得割合が確定していない場合には共有として法定相続分によって各共同相続人に譲渡所得が帰属し申告納付することとなります。

解　説

　相続財産が不動産だけで現金があまりないような場合において、相続人が複数いて、その各共同相続人に対して遺産を相続分通りに振り分けることができないようなときは、現物の不動産を売却し、その売却対価を分割することにより分け合うことがあります。この方法を「換価分割」といいます。

　この場合に売却した不動産に売却益が出るようなときは、譲渡所得について所得税の確定申告をする必要がありますが、誰がどのように負担し申告するかは、換価した時における各共同相続人間での取得割合の取り決めによって、以下のように異なってきます。

(1) 取得割合が確定している場合

　各共同相続人間で換価時における取得割合の取り決めが確定している場合には、その取得割合を各共同相続人の所有割合として、譲渡所得の申告を行います。

252

① 法定相続分に応じて換価代金を取得する場合

換価時において、取得割合を法定相続分として取り決め、法定相続分に応じて換価代金を取得する場合には、その「法定相続分＝所有割合」となりますので、譲渡所得の申告も法定相続分により按分し申告することとなります。

② 取得割合を定めている場合

あらかじめ換価時における換価代金の取得割合を定めている場合には、その換価遺産について遺産分割協議を確定し分割したことにほかならず、その「取得割合＝所有割合」となりますので、譲渡所得の申告もその取得割合により按分し申告することとなります。

(2) 取得割合が確定していない場合

共同相続人が複数いる場合において、換価時における取得割合が確定していないときは、その換価遺産は共有に属し、法定相続分を換価時における換価遺産の所有割合（「法定相続分＝所有割合」）として、譲渡所得を法定相続分で按分して申告することになります。

ただし、所得税の確定申告期限前までに換価代金が分割され、その換価代金が分割された取得割合に基づき各共同相続人が譲渡所得の申告をした場合には、その実際の分割割合による申告は認められます。

しかし、いったん、法定相続分により譲渡所得の申告をした場合には、その後にその換価代金が法定相続分と異なる割合で分割されたとしても、更正の請求等をすることはできません。つまり、最終的に遺産分割協議で売却した不動産を相続しなかった相続人がいたとしても、その相続人は譲渡所得に係る税金を負担することとなります。

したがって、実務上は、遺産分割協議において、売却した不動産を相続しなかった相続人の譲渡所得に係る所得税負担も考慮したうえで、全体の遺産分割を行います。

第**4**編
未分割等の場合の所得税・消費税の実務

【国税庁質疑応答事例】

> ### 未分割遺産を換価したことによる譲渡所得の申告と
> ### その後分割が確定したことによる更正の請求、修正申告等
>
> 【照会要旨】
>
> 　相続財産のうち分割が確定していない土地を換価した場合の譲渡所得の申告はどのように行えばよいですか。
>
> 　また、仮に、法定相続分に応じて申告した後、遺産分割により換価遺産（又は代金）の取得割合が確定した場合には、そのことを理由として更正の請求又は修正申告書の提出をすることができますか。
>
> 【回答要旨】
>
> 　遺産分割の一形態である換価分割には、換価時に換価代金の取得割合が確定しているものと、確定しておらず後日分割されるものとがあります。
>
> 1　換価時に換価代金の取得割合が確定している場合
>
> 　この場合には、①換価代金を後日遺産分割の対象に含める合意をするなどの特別の事情がないため相続人が各法定相続分に応じて換価代金を取得することとなる場合と、②あらかじめ換価時までに換価代金の取得割合を定めている（分割済）場合とがあります。
>
> 　①の場合は、各相続人が換価遺産に有する所有割合である法定相続分で換価したのですから、その譲渡所得は、所有割合（＝法定相続分）に応じて申告することとなります。
>
> 　②の場合は、換価代金の取得割合を定めることは、換価遺産の所有割合について換価代金の取得割合と同じ割合とすることを定めることにほかならず、各相続人は換価代金の取得割合と同じ所有割合で換価したのですから、その譲渡所得は、換価遺産の所有割合（＝換価代金の取得割合）に応じて申告することになります。
>
> 2　換価時に換価代金の取得割合が確定しておらず、後日分割される場合
>
> 　遺産分割審判における換価分割の場合や換価代金を遺産分割の対象に含める合意をするなど特別の事情がある場合に、換価後に換価代金を分割したとしても、

①譲渡所得に対する課税はその資産が所有者の手を離れて他に移転するのを機会にこれを清算して課税するものであり、その収入すべき時期は、資産の引渡しがあった日によるものとされていること、②相続人が数人あるときは、相続財産はその共有に属し、その共有状態にある遺産を共同相続人が換価した事実が無くなるものではないこと、③遺産分割の対象は換価した遺産ではなく、換価により得た代金であることから、譲渡所得は換価時における換価遺産の所有割合（＝法定相続分）により申告することになります。

　ただし、所得税の確定申告期限までに換価代金が分割され、共同相続人の全員が換価代金の取得割合に基づき譲渡所得の申告をした場合には、その申告は認められます。

　しかし、申告期限までに換価代金の分割が行われていない場合には、法定相続分により申告することとなりますが、法定相続分により申告した後にその換価代金が分割されたとしても、法定相続分による譲渡に異動が生じるものではありませんから、更正の請求等をすることはできません。

第**4**編
未分割等の場合の所得税・消費税の実務

5

代償分割と換価分割の有利選択

Q 相続人が長男と二男の2人であり、遺産が被相続人の不動産しかないようなときに、長男がその不動産を取得しますが、所得税の観点からは長男にとって、代償分割と換価分割のどちらを選択した方がよいのでしょうか。

A 当該不動産の売却を行う場合には、譲渡所得の計算から、代償分割よりも換価分割を選択した方が長男にとっては有利となります。

解 説

　代償分割とは、遺産の分割に当たって、相続人の1人（又は数人）が被相続人の価値の高い現物相続財産を取得する代わりに、その取得した相続人が他の共同相続人に対して、自己の現金や資産を交付する遺産分割の方法をいいます。

　換価分割とは、相続財産が不動産だけで現金があまりないような場合において、相続人が複数いて、その各共同相続人に対して遺産を相続分通りに振り分けることができないようなときに、現物の不動産を売却し、その売却対価を分割することにより分け合う方法をいいます。

　いずれの方法によるかは、相続人同士の関係性や不動産の状況など個別案件ごとに検討する必要がありますが、所得税の観点からは、その譲渡所得の計算から、長男にとって換価分割を選択した方が有利となります。

〈例〉

相続人：長男、二男

相続財産（全て長男が取得）

　不動産：1億7,000万円（売却まで時価の変動はない）

　その他：3,000万円

256

第1章
所得税の実務

長男の相続税額：1,670万円

長男の相続税の課税価格 A：1億円（1億7,000万円＋3,000万円－1億円）

相続した不動産の相続税評価額 B：1億7,000万円

代償財産 C：1億円

【代償分割と換価分割の税額比較】

	長　男	二　男	合　計
（1）代償分割	2,992万円	－	2,992万円
（2）換価分割	1,352万円	1,352万円	2,704万円
差　額	1,640万円	△1,352万円	288万円

長男にとっては換価分割の方が有利

二男にとっては代償分割の方が有利

全体としては換価分割の方が有利

（1）代償分割の場合

　長男が不動産を取得し、二男に対して代償分割債務1億円を交付した場合において、その取得後3年以内に当該不動産を第三者へ譲渡した際の譲渡所得は、以下のとおり計算します。

譲渡対価　　　　　取得費[1]　　　　　　　　取得費加算

（1億7,000万円 － 1億7,000万円×5％[2] －1,420万円[3]）×20.315％
＝2,992万円

※1　この譲渡所得の計算においては、長男が二男に対して交付した代償分割

債務1億円は取得費に算入できず、譲渡対価から差し引くことはできません（所基通38-7（1））。

※2　売却した被相続人の不動産の買い入れた時期が古いなどの理由により取得費が不明な場合には、取得費の額を売却金額の5％相当額とすることができます。

※3

$$1,670 \times \frac{B\,17,000 - C\,10,000 \times \dfrac{B17,000}{A\,10,000 + C\,10,000}}{A\,10,000} = 1,420万円$$

　相続又は遺贈による財産の取得をした個人で納付した相続税額があった者が、その相続税申告書の提出期限の翌日以後3年を経過する日までの間に、その相続により取得した資産の譲渡をした場合における所得税法第33条第3項（譲渡所得）の規定の適用については、その取得費は、当該取得費に相当する金額に当該相続税額のうち当該譲渡をした資産に対応する部分として一定の計算をした金額を加算した金額とされます（措法39）。

　また、代償金を支払って取得した相続財産を譲渡した場合における譲渡資産の取得費に加算する相続税額については、次の算式により計算されます（措置通39-7）。

$$確定相続税額 \times \frac{\begin{array}{c}譲渡をした資産の\\相続税評価額\,B\end{array} - \begin{array}{c}支　払\\代償金\,C\end{array} \times \dfrac{B}{A+C}}{その者の相続税の課税価格（債務控除前）\,A}$$

(2) 換価分割の場合

　換価分割により居住用不動産を1億7,000万円で売却した場合において、その1億7,000万円を取得割合（法定相続分）の2分の1ずつ分割することにより分け合った際の譲渡所得は、以下のとおり計算します。

譲渡対価　　　　　　取得費　　　　　　　　取得費加算

$$\left(1億7,000万円 \times \frac{1}{2} - 1億7,000万円 \times 5\% \times \frac{1}{2} - 1,420万円^{※1}\right) \times 20.315\%$$

第1章
所得税の実務

　　＝1,352万円

　この譲渡所得の計算においては、共同相続人間で取得割合に従って売却代金と取得費を分割し、各共同相続人に譲渡所得がそれぞれ帰属します。

※1　相続又は遺贈による財産の取得をした個人で納付した相続税額があった者が、その相続税申告書の提出期限の翌日以後3年を経過する日までの間に、その相続により取得した資産の譲渡をした場合における所得税法第33条第3項（譲渡所得）の規定の適用については、その取得費は、当該取得費に相当する金額に当該相続税額のうち当該譲渡をした資産に対応する部分として一定の計算をした金額を加算した金額とされます（措法39）。

$$1,670 \times \frac{17,000 \times \frac{1}{2}}{(17,000 + 3,000) \times \frac{1}{2}} = 1,420万円$$

$$その者の相続税額 \times \frac{[その者の相続税の課税価格の計算の基礎とされたその譲渡した財産の価額]}{[その者の相続税の課税価格] + [その者の債務控除額]} = 取得費に加算する相続税額$$

　上述のとおり、代償分割による場合には長男のみに譲渡所得が生じますが、換価分割による場合にはその取得割合に応じて長男と二男にそれぞれ2分の1ずつ譲渡所得が生じることとなります。したがって、相続により取得した不動産の売却を予定している場合には、長男にとっては、代償分割よりも換価分割を選択した方が有利となります。
　また、その売却時までに不動産の価額が上昇した場合には、その上昇分に係る譲渡所得に対する所得税を加味しても代償分割の方が換価割合に比べて手取り額が増える場合も想定されますので、不動産価額にある程度上昇が見込まれるときは注意が必要です。

なお、この相続税の取得費加算の特例は、相続税申告書の提出期限の翌日以後3年を経過する日までに相続により取得した財産を譲渡した場合には、譲渡所得の計算における取得費に、課税された相続税相当額のうちその資産の金額に対応する金額を加算することができるというものです。したがって、3年以内に未分割遺産の協議が調わず譲渡できなかった場合には、この特例を受けることができません。

(3) 居住用財産の3,000万円控除との関係

自己が居住の用に供していた家屋などの居住用財産を売却したときは、譲渡所得から最高3,000万円まで控除ができる特例として、居住用財産を譲渡した場合の3,000万円の特別控除の特例があります（措法35）。

仮に長男のみが売却する不動産に居住をしていた場合において、換価分割を行ったときは、長男の譲渡所得の計算上は居住用財産の3,000万円控除の適用が受けられますが、二男の居住用財産には該当しないため二男は居住用財産の3,000万円控除の適用は受けられません。したがって、換価分割に係る長男の当該特例適用前の譲渡所得金額が3,000万円未満の場合には、当該特例の3,000万円の控除メリットの全額を使い切れないようなケースがあります。

一方で、代償分割のときは、居住用不動産を長男が取得し、売却を行った上で、二男に代償金の支払いをします。したがって、代償分割に係る長男の当該特例適用前の譲渡所得金額が3,000万円以上の場合には、長男の譲渡所得の計算上、居住用財産の3,000万円控除の控除メリットの全額を受けきることができることとなります。

このように、相続人の居住の形態によっても、代償分割と換価分割の有利不利が発生することもありますので注意が必要です。

第1章
所得税の実務

6 未分割期間中に他の相続人の必要経費に計上されてきた減価償却費に係る取得費

Q 相続発生日以降、遺産分割協議が調わず、共同相続人全員が法定相続分に応じて未分割の賃貸不動産から生じる収入を収受し、各共同相続人がそれぞれ不動産所得の申告を行ってきました。

この度、遺産分割協議が整い、相続人の一人がその賃貸不動産を取得することとなり、その者は当該不動産の売却を検討しています。

その場合の当該賃貸不動産を譲渡するときにおける譲渡所得の計算上、未分割期間中に他の相続人の必要経費に計上されてきた減価償却費は、取得費から控除すべきでしょうか。

A 未分割の期間中に他の相続人の必要経費に算入されてきた減価償却費は、その土地建物の譲渡所得の取得費の計算上、その取得費から控除すべきものであると考えられます。

解 説

　譲渡所得の金額の計算上控除する資産の取得費は、別段の定めがあるものを除き、その資産の取得に要した金額並びに設備費及び改良費の額の合計額（以下、「合計額」という）とされます。

　譲渡所得の基因となる資産が家屋その他使用又は期間の経過により減価する資産である場合には、その資産の取得費は、その合計額に相当する金額から、その取得の日から譲渡の日までの期間のうち不動産所得を生ずべき業務の用に供されていた期間中に所得税法第49条（減価償却資産の償却費の計算及びその償却の方法）の規定により当該期間内の日の属する各年分の<u>不動産所得の金額の計算上必要経費に算入されるその資産の償却費の額の累積額</u>を控除した金額とされます（所法38）。

261

第**4**編
未分割等の場合の所得税・消費税の実務

　賃貸不動産である建物の取得費は、通常は資産の取得に要した購入対価や設備費などの取得価額の合計額から「減価償却費相当額」を差し引いた金額となります。

　しかし、未分割の賃貸不動産を分割後に譲渡した場合の譲渡所得の計算においては、この「減価償却費相当額」の中に、未分割の賃貸不動産に対する収入について（**第4編Q2**参照）、各共同相続人がその相続分に応じた所得税申告をした際に必要経費に算入された減価償却費が含まれることになるのか否かが明らかではありません。

　所得税法第38条の規定においては、遺産分割協議によりその賃貸不動産を相続した相続人とそれ以外の相続人の減価償却費との区分までは規定されておらず、あくまで「不動産所得の金額の計算上必要経費に算入されるその資産の償却費の額の累積額」と規定しているのみです。

　また、類する例として、相続（限定承認を除く）や贈与によって取得した資産の取得費等の取扱いにおいても、その被相続人や贈与者の購入代金や購入手数料などを基として、その相続人や受贈者が引き続きこれを所有していたものとみなして取得費を引き継ぐものとされています（所法60）。

　したがって、未分割の期間に、他の相続人の必要経費に算入されてきた減価償却費は、その土地建物の譲渡所得の取得費の計算上、その取得価額から控除すべきものであると考えられます。

第1章
所得税の実務

空き家を譲渡した場合の特例

Q 相続により取得した被相続人が1人で住んでいた実家について、空き家となる予定です。これを売却した際の空き家に係る譲渡所得の特別控除の特例について教えてください。
また、未分割空き家について、換価分割を行ったときの譲渡所得の特別控除の適用の可否についても教えてください。

A 平成28年に創設された「空き家に係る譲渡所得の特別控除の特例」により、一定の適用要件を満たした場合には、譲渡所得から3,000万円を控除することができます。
また、未分割の空き家について、換価分割により第三者に譲渡した場合には、各共同相続人1人につき3,000万円の控除を受けられます。

解説

　居住用家屋が空き家となる要因は、相続による取得が最大の要因とされています。この空き家が放置され、周辺の生活環境へ及ぼす悪影響を未然に防ぐ観点から、空き家の発生を抑制するため、平成28年税制改正において相続により取得した空き家を譲渡した場合の特例として「空き家に係る譲渡所得の特別控除の特例」が創設されました。
　相続又は遺贈による被相続人居住用家屋及び土地又は土地の上に存する権利（以下「敷地等」）の取得をした個人が、平成28年4月1日から令和5年12月31日までの間に、次の（1）～（5）に掲げる要件を充たした被相続人居住用家屋及び敷地等を譲渡した場合や当該被相続人居住用家屋を取り壊した後に敷地等を譲渡した場合には、居住用財産を譲渡した場合に該当するものとみなして、居住用財産を譲渡した場合の3,000万円特別控除（措法35①）の規定が適用され

ます（措法35③）。

出典：国土交通省ホームページ

（1）相続発生日を起算日とした適用期間の要件

　特例の適用期間は、平成28年4月1日から令和5年12月31日までの間です。
　また、その空き家を譲渡するタイミングは、その相続の開始があった日から同日以後3年を経過する日の属する年の12月31日までの間にしたものに限るものとされています（例えば、平成29年1月2日に相続が開始した場合は、令和2年12月31日までの譲渡が対象となります）。

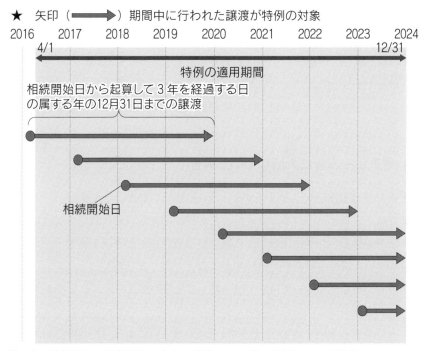

(注1) 被相続人が相続開始の直前に老人ホーム等に入所していた場合については、2019年4月1日以降の譲渡が対象です。
(注2) 国土交通省ホームページをもとに作成

(2) 相続した家屋の要件

家屋を譲渡する場合における、特例の対象となる空き家は、次の要件のすべてを充たしている家屋である必要があります。

① 当該相続の開始の直前において当該被相続人のみの居住の用に供されていた（被相続人以外に居住をしていた者がいなかった）こと

② 昭和56年（1981年）5月31日以前に建築されたこと（旧耐震基準で建築されたもの）

③ 建物の区分所有等に関する法律第1条の規定に該当する建物（マンションなど区分所有建物である旨の登記がされたもの）でないこと

第**4**編
未分割等の場合の所得税・消費税の実務

④　相続の時から当該譲渡の時まで事業の用、貸付けの用又は居住の用に供されていなかったこと（家屋を取り壊して敷地等のみを譲渡する場合には、その取り壊した家屋について相続の時から取り壊しの時まで事業の用、貸付けの用又は居住の用に供されていなかったこと、かつ、敷地等について相続の時から当該譲渡の時まで事業の用、貸付けの用又は居住の用に供されていなかったこと）

(3) 老人ホーム等に入所していた場合

　平成31年度税制改正により、特例の対象となる相続した家屋について、これまでは上述**（2）**①のとおり被相続人が相続の開始直前において居住していたことが要件でしたが、次の①から③の要件を満たすときは、老人ホーム等に入所していた場合も特例の対象に加わることとなりました。

　なお、この拡充については2019年4月1日以後の譲渡が対象となります。

①　次に掲げる事由（以下「特定事由」といいます）により、相続の開始の直前において被相続人の居住の用に供されていなかった場合であること。

　イ　介護保険法第19条第1項に規定する要介護認定もしくは同条第2項に規定する要支援認定を受けていた被相続人または介護保険法施行規則第140条の62の4第2号に該当していた被相続人が次に掲げる住居または施設に入居または入所をしていたこと。

　　（イ）　老人福祉法第5条の2第6項に規定する認知症対応型老人共同生活援助事業が行われる住居、同法第20条の4に規定する養護老人ホーム、同法第20条の5に規定する特別養護老人ホーム、同法第20条の6に規定する軽費老人ホームまたは同法第29条第1項に規定する有料老人ホーム

　　（ロ）　介護保険法第8条第28項に規定する介護老人保健施設または同条第29項に規定する介護医療院

　　（ハ）　高齢者の居住の安定確保に関する法律第5条第1項に規定するサービス付き高齢者向け住宅（（イ）の有料老人ホームを除きます）

ロ 障害者の日常生活及び社会生活を総合的に支援するための法律第21条第1項に規定する障害支援区分の認定を受けていた被相続人が同法第5条第11項に規定する障害者支援施設（同条第10項に規定する施設入所支援が行われるものに限ります）または同条第17項に規定する共同生活援助を行う住居に入所または入居をしていたこと。

(注) 被相続人が、上記イの要介護認定もしくは要支援認定または上記ロの障害支援区分の認定を受けていたかどうかは、特定事由により被相続人居住用家屋が被相続人の居住の用に供されなくなる直前において、被相続人がその認定を受けていたかにより判定します。

② 次に掲げる要件を満たしていること。

イ 特定事由によりその家屋が被相続人の居住の用に供されなくなった時から相続の開始の直前まで、引き続きその家屋がその被相続人の物品の保管その他の用に供されていたこと。

ロ 特定事由によりその家屋が被相続人の居住の用に供されなくなった時から相続の開始の直前までその家屋が事業の用、貸付けの用または被相続人以外の者の居住の用に供されていたことがないこと。

ハ 被相続人が上記①イ又はロの住居又は施設（以下「老人ホーム等」といいます）に入所をした時から相続の開始の直前までの間において、被相続人が主としてその居住の用に供していたと認められる家屋がその老人ホーム等であること。

③ その家屋が次の3つの要件すべてに当てはまるもの（特定事由によりその家屋が被相続人の居住の用に供されなくなる直前において、主として被相続人の居住の用に供されていた一の建築物に限ります）であること。

イ 昭和56年5月31日以前に建築されたこと。

ロ 区分所有建物登記がされている建物でないこと。

ハ 特定事由により被相続人の居住の用に供されなくなる直前において被相続人以外に居住をしていた人がいなかったこと。

(4) 譲渡をする際の要件

特例の対象となる譲渡は、次の要件のすべてを満たしている譲渡である必要があります。
① 譲渡対価が1億円を超えないこと※
※1 適用前譲渡（相続の時から同特例の適用を受ける者の対象譲渡をした日の属する年の12月31日までの間に行う収用交換等を除いた家屋等の譲渡）と適用後譲渡（その対象譲渡をした日の属する年の翌年1月1日から、その対象譲渡をした日以後3年を経過する日の属する年の12月31日までの間に行う対象譲渡資産一体家屋等の譲渡）の合計額が1億円超の場合は適用対象外となります。

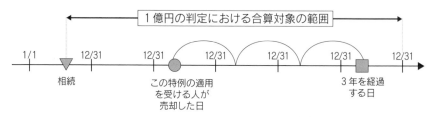

※2 適用後譲渡の期間経過後に譲渡する場合には「適用後譲渡」に該当せず、空き家の3,000万円の特別控除の対象外となり、通常通りの譲渡所得の計算となります（この場合でも上記1の適用前譲渡と適用後譲渡の合計額が1億円以下の場合には、当該合計額については空き家の3,000万円の特別控除の対象となります）。

② 家屋を譲渡する場合（併せて敷地等を譲渡する場合を含む）には、譲渡の時

において地震に対する安全性に係る規定又は基準（現行の耐震基準）に適合するものであること

(5) 必要書類要件

この特例の適用を受けるためには、その譲渡をした日の属する年分の確定申告書に以下の書類を添付する必要があります。

① 譲渡所得の金額の計算に関する明細書（譲渡所得の内訳書）

② 登記事項証明書等

③ 売買契約書の写し等

④ 被相続人居住用家屋等確認書（被相続人に係る相続開始直前から譲渡時までの家屋・敷地等の状況につき市区町村に確認・交付を受けるもの）

⑤ 耐震基準適合証明書又は建設住宅性能評価書の写し（家屋の譲渡がある場合）

(6) 他の税制との適用関係

空き家の譲渡所得の3,000万円特別控除との重複適用		
相続財産譲渡時の取得費加算特例	措法39	×
自己居住用財産を譲渡した場合の3,000万円特別控除	措法35①	○※
特定の居住用財産の買換えの場合の長期譲渡所得の課税の特例	措法36の2	○
特定の居住用財産を交換した場合の長期譲渡所得の課税の特例	措法36の5	○
居住用財産の買換え等の場合の譲渡損失の損益通算及び繰越控除	措法41の5	○
特定居住用財産の譲渡損失の損益通算及び繰越控除	措法41の5の2	○
住宅借入金等を有する場合の所得税額の特別控除	措法41	○

※ 同一年度併用の場合、合わせて3,000万円が限度

(7) 未分割の空き家を譲渡した場合の譲渡所得の特別控除の適用の可否

　空き家の特別控除の規定については、平成28年度改正により、租税特別措置法第35条第1項（居住用財産を譲渡した場合3,000万円控除（以下「マイホームの3,000万円控除」という））の特例の規定の一部として同条第3項に追加され、上述の要件を満たした場合には居住用財産を譲渡した場合に該当するものとみなして、3,000万円控除が適用されるものです。

　このマイホームの3,000万円控除について、共有であるマイホームを譲渡した場合に、その特別控除が行えるか否かはその共有者ごとに判定し、その適用ができる場合には共有者一人につき最高3,000万円の控除を受けることができます（共有者全員で3,000万円が限度ではありません）。

　未分割である空き家については、換価分割により譲渡した際に、同じように各共同相続人一人につき最高3,000万円の控除を受けることができるかどうか疑問が生じます。遺産は相続人が複数いるときは、相続開始から遺産分割までの未分割の間、共同相続人の共有に属すると考えられるため、未分割の空き家についても、共有のマイホームを譲渡した場合と同様に、各共同相続人である共有者1人につき3,000万円の控除を受けられます。

　なお、この場合には、各共同相続人それぞれが確定申告をする必要があります。

【国税庁タックスアンサー】

共有のマイホームを売ったとき

　マイホーム（居住用財産）を売ったときは、譲渡所得から最高3,000万円まで控除できる特例があります。

　これを、居住用財産を譲渡した場合の3,000万円の特別控除の特例といいます。

　共有のマイホームを売った場合には、この特例を受けることができるかどうかは共有者ごとに判定します。

第1章
所得税の実務

【特例内容】

共有のマイホームを売った人の譲渡所得の計算は、共有者の所有権持分に応じて行います。

特別控除額は共有者全員で3,000万円ではありません。この特例を受けることができる共有者1人につき最高3,000万円です。

なお、この特例を受けるためには、確定申告をすることが必要ですので、確定申告書は一人一人が提出してください。

また、家屋は共有でなく、敷地だけを共有としている場合、家屋の所有者以外の者は原則としてこの特例を受けることはできません。

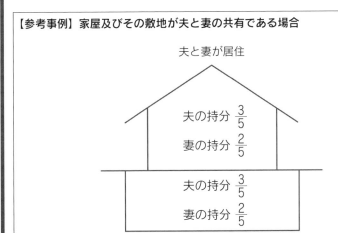

【参考事例】家屋及びその敷地が夫と妻の共有である場合

夫と妻が居住

夫の持分 $\frac{3}{5}$
妻の持分 $\frac{2}{5}$

夫の持分 $\frac{3}{5}$
妻の持分 $\frac{2}{5}$

〇譲渡所得の計算

・夫
  （譲渡益）　（特別控除額）　（課税される譲渡所得金額）
  3,000万円 － 3,000万円 ＝ 　　　0円

・妻
  （譲渡益）　（特別控除額）　（課税される譲渡所得金額）
  2,000万円 － 2,000万円 ＝ 　　　0円

第**4**編
未分割等の場合の所得税・消費税の実務

8 共有物分割と税金

Q 被相続人の相続財産は実家の土地建物だけであり、相続人の兄弟2人が
お互いに取得を望んでおり、相続税の申告期限までに分割案がまとまり
そうにないため、相続人2人で共有として相続することとしました。
この共有により取得した土地について、その後、共有物分割を行うときの課税
関係はどのようになりますか。

A その持分に応じた分割が行われたときは、相続人間における土地の譲渡
はなかったものとして譲渡所得は生じません。
ただし、時価比率により分割が行われなかった場合には、譲渡所得や贈与税な
どが生じる可能性があります。

解 説

　遺産分割協議による相続人間の遺産の分割が上手くまとまらず、相続人間に
おいて土地を共有で持ち合うことがあります。

　土地については、本来は単独で相続していくことが望まれますが、やむを得
ずこのような状態になってしまった場合には、権利関係が複雑になり、トラブ
ルの元となります。

　相続人同士が仲良くしているうちはよいのですが、仲が悪くなったときに、
いざその土地を売ってお金に換えようとしても、所有者全員の同意がなければ
売却することができませんので、売却が難しくなることがあります。

　また、相続人の次の相続以降に、土地の持分が次の世代の相続人へと引き継
がれていき、権利関係がより複雑化してしまうことも想定されます。

　このような状況を解消するために、相続により共有として取得した共有物
を、その後、分割し単独所有とすることがあります。この共有物分割を行う際

には、譲渡所得、交換、そして贈与などの税務上論点がありますので、慎重に検討を行う必要があります。

個人が他の者と土地を共有している場合において、その共有に係る一の土地についてその持分に応ずる現物分割があったときには、その分割による土地の譲渡はなかったものとして取り扱うこととされています（所基通33－1の7）。

共有物分割は、ひとつの土地の全体に及んでいた相続人間のそれぞれの持分を、単独で所有することとなった土地の一部にそれぞれ集約することであり、資産の譲渡によるキャピタルゲインがその相続人間で実現したといえるだけの経済的実態を有していないため、土地の譲渡はなかったものと考え、譲渡所得は発生しないものとされます。

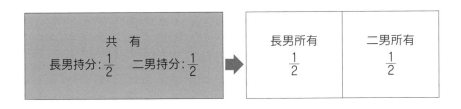

また、分割されたそれぞれの土地の面積の比率と持ち分比率が異なる場合であっても、その分割後のそれぞれの土地の時価比率が持ち分比率と概ね等しいときには、その分割による土地の譲渡はなかったものとされ、この場合も譲渡所得は発生しないものとされます（所基通33－1の7（注2））。

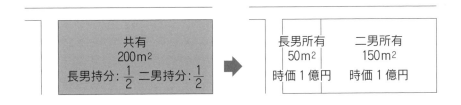

第**4**編
未分割等の場合の所得税・消費税の実務

　一方で、分割後のそれぞれの土地の時価比率と持ち分比率とが異なっている（概ね等しくないような）場合には、相続人間における財産価値の移転があったものとして、贈与、又は譲渡所得が生じます。

　なお、譲渡所得が生じるような場合であっても、それが固定資産の交換の場合の譲渡所得の特例（所法58）の適用要件を満たすときには、その適用により譲渡所得に対する課税は生じないこととなります。

9 遺留分侵害額請求権にかかる譲渡所得の取り扱い

Q 民法改正により遺留分減殺請求権が遺留分侵害額請求権となり金銭債権によるものとなりましたが、金銭の支払いに代えて不動産などで支払った場合にはどのような取り扱いとなりますか？

A 改正により、遺留分は遺留分侵害額請求によって金銭債権として請求が行われることとなりました。そのため、金銭以外の不動産などによって清算を行った場合には、一旦、当該不動産を譲渡したうえで金銭債権の清算を行うこととされます。つまり、金銭債権相当額によって当該不動産を売却したものとして、譲渡所得の対象となります。

解説

　民法改正前における遺留分減殺請求によった場合において、不動産などによる資産の移転で遺留分相当額の清算を行ったときは、相続の範囲内で課税関係が整理され、譲渡所得の対象とはなりませんでした。

　これに対して、改正後における遺留分侵害額請求によった場合において、金銭の支払いに代えて不動産などによる資産の移転で遺留分侵害額相当額の清算を行ったときは、相続の範囲外において消滅した金銭債権の額に相当する価額により当該不動産などの譲渡を行ったものとして譲渡所得税の対象として取り扱われることとなりました（所得税基本通達33－1の6）。

> **所得税基本通達33－1の6（遺留分侵害額の請求に基づく金銭の支払に代えて行う資産の移転）**
>
> 民法第1046条第1項《遺留分侵害額の請求》の規定による遺留分侵害額に相当する金銭の支払請求があった場合において、金銭の支払に代えて、その債務の全部又は一部の履行として資産（当該遺留分侵害額に相当する金銭の支払請求の基因となった遺贈又は贈与により取得したものを含む。）の移転があったときは、その履行をした者は、原則として、その履行があった時においてその履行により消滅した債務の額に相当する価額により当該資産を譲渡したこととなる。
>
> （注）　当該遺留分侵害額に相当する金銭の支払請求をした者が取得した資産の取得費については、38－7の2参照

　民法改正により、従来までは遺贈及び生前贈与を減殺するものとして物権的効力が生ずるとされていた遺留分の減殺請求権は、遺留分侵害額の請求権に見直しが行われ、金銭債権化されました。これにより、遺留分権利者は、遺留分侵害額に相当する金銭の支払い請求のみを行うことができることとなりました。

　一方で、受遺者である遺留分侵害者にとっては、遺留分侵害額に相当する金銭で支払うことが困難である場合も想定されます。このような場合において、当事者間の合意により金銭の支払に代えて不動産など他の財産で支払うこととなったときは、遺留分侵害額に相当する金銭請求権にかかる債務の弁済として、代物弁済（民482）に該当します。この代物弁済に該当するということは、土地を譲渡し、その対価に相当するものとして、遺留分侵害額に相当する金銭請求権が消滅するということになります。したがって、土地を譲渡したものとして譲渡所得税の対象となります。

第 **2** 章

国外転出時課税
の実務

10
申告期限までに未分割である場合の
国外転出時課税の取り扱い

Q 準確定申告書の提出期限までに遺産分割協議が間に合わず、非居住者である相続人が国外転出時課税の対象資産となる有価証券を取得するかどうか決まっていない状態であったため、法定相続分により取得するものとして国外転出時課税に係る準確定申告を行っていました。

この度、遺産分割協議が確定し、非居住者である相続人は対象資産である有価証券を取得しないこととなりましたが、この場合には更正の請求などを行うことはできるのでしょうか。

A 分割協議が整い、対象資産である有価証券等について、非居住者の取得分が減少又は取得しなくなったことにより国外転出時課税に係る準確定申告の所得税額が減少する場合には、更正の請求をすることができます。

一方で、非居住者の取得分が増加したことにより国外転出時課税に係る準確定申告の所得税額が増加する場合には、修正申告を行う必要があります。

解 説

　国外転出（相続）時課税は、相続開始の時点で1億円以上の有価証券や未決済の信用取引などの対象資産（⇒第4編Q12（3））を所有等している一定の居住者（⇒第4編Q12（2））が亡くなり、国外に居住する相続人又は受遺者（以下「非居住者である相続人等」といいます）がその相続又は遺贈（限定承認の場合

を除きます）により対象資産の全部又は一部（以下「相続対象資産」といいます）を取得した場合は、その相続又は遺贈の時に取得した相続対象資産について譲渡等があったものとみなして、相続対象資産の含み益に対して被相続人に所得税が課税される制度（以下「相続等時課税制度」）で、平成27年7月1日以後の相続又は遺贈について適用されます（所法60の3①～③）。

　国外転出時課税に係る準確定申告の申告期限は、相続の開始があったことを知った日から4か月以内とされています（**第4編Q12（6）**）が、その期限までに遺産分割協議が確定していないケースが多く、実際に非居住者である相続人が国外転出時課税の対象資産を取得するか否かは、準確定申告の期限までに定まっていないことが多々あります。

　このような未分割の場合においても、相続対象資産を取得したかや居住者又は非居住者であるかを問わず、相続人が被相続人に係る生前の各種所得に国外転出（相続）時課税の適用による所得を含めて準確定申告及び納税をする必要があります。

　そのような状況の中で、相続税法においては、未分割遺産が課税された場合、その後の遺産分割の確定により、更正の請求ができることとされ（相法32）、また、修正申告ができるとされています（相法31）。しかし、所得税法においては、平成28年改正前までは、国外転出時課税に係る所得税の準確定申告において、このような更正・修正の手当はされていませんでした。

　そこで平成28年の税制改正により、相続の開始の日の属する年分の所得税について相続等時課税制度の適用を受けた居住者につき、次に掲げる事由が生じたことにより、非居住者に移転した有価証券等（以下「対象資産」という）が当初申告と異なることとなった場合には、その相続人は、その事由が生じた日から4月以内に、その相続の開始の日の属する年分の所得税について、税額が増加する場合等には修正申告書を提出し納付しなければならないこととし、税額が減少する場合等には更正の請求ができることとされました（所法151の5、151の6、153の5）。

①　相続又は遺贈に係る対象資産について民法（第904条の2（寄与分）を除

きます）の規定による相続分又は包括遺贈の割合に従って非居住者に移転
があったものとして相続等時課税制度（所法60の3①～③）の適用がされ
ていた場合において、その後その対象資産の分割が行われ、その分割によ
り非居住者に移転した対象資産がその相続分又は包括遺贈の割合に従って
非居住者に移転したものとされた対象資産と異なることとなったこと。

② 強制認知の判決の確定等により相続人に異動が生じたこと。

③ 遺贈に係る遺言書が発見され、又は遺贈の放棄があったこと。

④ 相続等により取得した財産についての権利の帰属に関する訴えについて
の判決があったこと。

⑤ 条件付きの遺贈について、条件が成就したこと。

（注） 令和元年7月1日前に開始した相続又は遺贈により、旧所得税法（所得税法
等の一部を改正する法律（平成31年法律第6号）による改正前の所得税法）
第60条の3第1項から第3項までの規定の適用を受けた場合については、上記
に掲げる事由のほか、民法及び家事事件手続法の一部を改正する法律（平成
30年法律第72号）による改正前の民法の規定による遺留分減殺請求に基づき
返還すべき、または弁償すべき額が確定した場合が含まれます。

国外転出時課税制度の概要

Q 国外転出時課税制度の概要について教えてください。

A

(1) 国外転出時課税制度は、平成27年度税制改正において創設され（平成27年7月1日施行）、次の①から③までに掲げる時において、一定の居住者が1億円以上の有価証券や未決済の信用取引などの対象資産を所有等（所有又は契約の締結をいいます。以下同じ）している場合（この場合の居住者を対象者といいます。以下同じ）に、次の①から③までに掲げる時に対象資産の譲渡又は決済（以下「譲渡等」といいます）があったものとみなし、対象資産の含み益に対して所得税が課税される制度です（所法60の2①～③）。

① 対象者が国外転出をする時
② 対象者が国外に居住する親族等（非居住者）へ対象資産の一部又は全部を贈与する時
③ 対象者が亡くなり、相続又は遺贈により国外に居住する相続人又は受遺者が対象資産の一部又は全部を取得する時

国外転出時課税の対象となる者は、所有等している対象資産の譲渡等があったものとみなして、事業所得の金額、譲渡所得の金額又は雑所得の金額を計算し、確定申告書を提出するほか、所得税を納付する必要があります。

(2) 国外転出時課税制度においては、一定の要件の下、減額措置等を受けることができます。

第2章
国外転出時課税の実務

解　説

　日本国内で有価証券等の譲渡を行った場合には、そのキャピタルゲインに対して、日本の税法により所得税（15.315%）と住民税（5%）が課されます。

　しかし、国外転出時課税が創設される前までは、国外において非居住者が日本国内にある有価証券等をキャピタルゲイン非課税国へ持ち出した上で譲渡した場合には、そのキャピタルゲインに対して、非課税国現地では非課税となり、かつ、日本の所得税等の課税を行うこともできませんでした。このことは、国際的に課税回避として、また、日本の税収減や日本国内にある資産の国外流出の観点から問題とされていました。

　そこで、この国外転出時課税制度の創設により、売却などの譲渡前ではあるものの、その有価証券等を国外へ持ち出すタイミングにおいて譲渡したものとみなし、その含み益に対して日本の所得税等を課税することとされました。

　しかし、この含み益に対する国外転出時課税は、あくまで「みなし譲渡」に対する課税としてその有価証券等に係るキャピタルゲインは未実現であり、納税資金等がないことなどを考慮し、一定の条件の下で5年又は10年（平成28年1月1日以後に納税猶予に係る期間の満了日が到来する場合には、5年4か月又は10年4か月。以下同じ）の納税を猶予する制度が設けられています。

　また、その5年又は10年の満了基準日内に、「みなし譲渡」の対象となった有価証券等を売却等せずに帰国し、そのまま国内に持ち帰った場合には、納税猶予の取消しの措置も設けられています。

281

(1) 国外転出のイメージ

【イメージ】

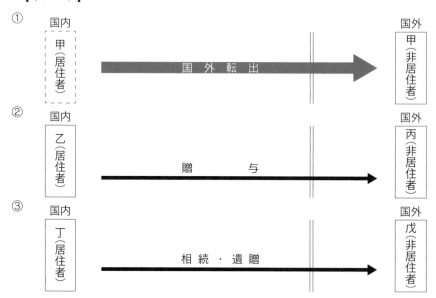

※ ①では甲が、②では乙が、③では丁の相続人（包括受遺者を含みます）が所得税の確定申告（③は、丁の準確定申告）をする必要があります。

(2) 減額措置

① 国外転出時課税

国外転出後の状況	減額措置等
国外転出の日から5年以内に帰国などした場合	帰国時まで引き続き所有等している対象資産について、国外転出時課税により課された税額を取り消すことができます。

第2章
国外転出時課税の実務

納税猶予の特例の適用を受ける場合		満了基準日※2の翌日以後4か月を経過する日まで納税を猶予することができます。
	納税猶予期間中に譲渡等した際の対象資産の譲渡価額が国外転出の時の価額よりも下落している場合	譲渡等した対象資産について、国外転出時課税により課された税額を減額できます。
	納税猶予期間の満了日の対象資産の価額が国外転出の時の価額よりも下落している場合	国外転出時から納税猶予期間の満了日まで引き続き所有等している対象資産について、国外転出時課税により課された税額を減額できます。
	納税猶予期間中に対象資産を譲渡等した際に外国所得税との二重課税が生じる場合	国外転出先の国で納付した外国所得税について、外国税額控除の適用を受けることができます。

※　納税猶予の特例の適用を受けるためには、国外転出の時までに所轄税務署へ納税管理人の届出書の提出をすることが必須となります。

※2　その国外転出の日から5年（一定の場合には10年）を経過する日又は帰国等の場合に該当することとなった日のいずれか早い日。

② 国外転出（贈与）時課税

贈与後の状況	減額措置等
贈与の日から5年以内に受贈者が帰国などした場合	帰国時まで引き続き受贈者が所有等している対象資産について、国外転出（贈与）時課税により課された税額を取り消すことができます。
納税猶予の特例の適用を受ける場合	満了基準日※の翌日以後4か月を経過する日まで納税を猶予することができます。

第4編
未分割等の場合の所得税・消費税の実務

納税猶予期間中に譲渡等した際の対象資産の譲渡価額が贈与の時の価額よりも下落している場合	譲渡等した対象資産について、国外転出（贈与）時課税により課された税額を減額できます。
納税猶予期間の満了日の対象資産の価額が贈与の時の価額よりも下落している場合	贈与の日から納税猶予期間の満了日まで引き続き受贈者が所有等している対象資産について、国外転出（贈与）時課税により課された税額を減額できます。

※ その国外転出の日から5年（一定の場合には10年）を経過する日又は帰国等の場合に該当することとなった日のいずれか早い日。

③ 国外転出（相続）時課税

相続又は遺贈後の状況	減額措置等
相続開始の日から5年以内に対象資産を取得した相続人又は受遺者の全員が帰国などした場合	帰国時まで相続人又は受遺者が引き続き所有等している対象資産について、国外転出（相続）時課税により課された税額を取り消すことができます。
納税猶予の特例の適用を受ける場合	満了基準日※2の翌日以後4か月を経過する日まで納税を猶予することができます。
納税猶予期間中に譲渡等した際の対象資産の譲渡価額が相続開始の時の価額よりも下落している場合	譲渡等した対象資産について、国外転出（相続）時課税により課された税額を減額できます。
納税猶予期間の満了日の対象資産の価額が相続開始の時の価額よりも下落している場合	相続開始の日から納税猶予期間の満了日まで引き続き相続人又は受遺者が所有等している対象資産につい

	て、国外転出（相続）時課税により課された税額を減額できます。

※　納税猶予の特例の適用を受けるためには、相続又は遺贈により対象資産を取得した国外に居住する相続人又は受遺者の全員が、被相続人の準確定申告書の提出期限までに納税管理人の届出書の提出をすることが必須となります。

※2　その国外転出の日から5年（一定の場合には10年）を経過する日又は帰国等の場合に該当することとなった日のいずれか早い日。

第**4**編
未分割等の場合の所得税・消費税の実務

12

国外転出（相続）時課税

Q 国外転出（相続）時課税とは、どのような制度ですか。

A 国外転出（相続）時課税は、相続開始の時点で1億円以上の有価証券や未決済の信用取引などの対象資産（⇒**(3)**）を所有等している一定の居住者（⇒**(2)**）が亡くなり、国外に居住する相続人又は受遺者（以下「非居住者である相続人等」といいます）がその相続又は遺贈（限定承認の場合を除きます）により対象資産の全部又は一部（以下「相続対象資産」といいます）を取得した場合は、その相続又は遺贈の時に取得した相続対象資産について譲渡等があったものとみなして、相続対象資産の含み益に対して被相続人に所得税が課税される制度で、平成27年7月1日以後の相続又は遺贈について適用されます（所法60の3①～③）。
国外転出（相続）時課税の対象となる者（以下「適用被相続人等」という）の相続人は、相続対象資産の譲渡等があったものとみなして、事業所得の金額、譲渡所得の金額又は雑所得の金額を計算し、適用被相続人等の準確定申告書を提出するほか、所得税を納付する必要があります。

解 説

（1）概要

　国外転出時課税は、対象者が国外に出国し対象資産を国外に持ち出した場合だけではなく、相続により非居住者である相続人がその相続対象資産を取得した場合においても、その相続のタイミングにおいてその相続対象資産を譲渡したものとみなし、その含み益に対して日本の所得税等を課税することとされま

した。

　なお、出国時の取り扱いと同様に、納税猶予制度や満了基準日内の帰国による納税猶予の取消しの措置についても設けられています。

〈適用フローチャート〉

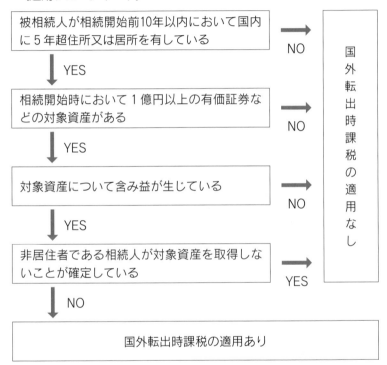

第4編
未分割等の場合の所得税・消費税の実務

〈納付フローチャート〉

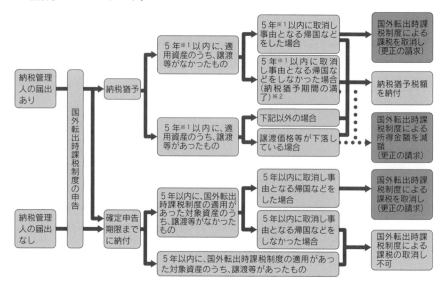

※1　納税猶予期限を延長している場合は10年となります。
※2　納税猶予期間の満了日の適用資産（適用贈与資産、適用相続資産）の価額が国外転出の時（贈与の時、相続開始の時）よりも下落している場合には、更正の請求をすることができます。
（注）　国外転出（贈与）時課税の対象となる贈与者が、納税猶予の特例の適用を受ける場合は、納税管理人の届出は必要ありません。ただし、その贈与者が納税猶予期間中に国外転出をする場合は、国外転出の時までに納税管理人の届出をする必要があります。

出典：国税庁ホームページ

(2) 国外転出（相続）時課税の対象者

次の①及び②のいずれにも該当する居住者が亡くなった場合に、その相続又は遺贈により非居住者である相続人等が相続対象資産を取得したときは、国外転出（相続）時課税の対象となります（所法60の3⑤）。

第2章
国外転出時課税の実務

① 相続開始の時に所有等している対象資産の価額の合計額が1億円以上であること。

② 原則として相続開始の日前10年以内において、国内在住期間が5年を超えていること。

※ 国内在住期間の判定に当たっては、出入国管理及び難民認定法別表第一の上欄の在留資格（外交、教授、芸術、経営・管理、法律・会計業務、医療、研究、教育、企業内転勤、短期滞在、留学等）で在留していた期間は、国内在住期間に含まないこととされています（所令170の2①）。

　また、平成27年6月30日までに同法別表第二の上欄の在留資格（永住者、永住者の配偶者等、定住者等）で在留している期間がある場合は、その期間は国内在住期間に含まないこととされています（改正所令附則8②）。

　国外転出（相続）時課税は、被相続人が、原則として相続開始前10年以内に国内在住期間5年超であり、かつ、相続開始時に相続対象資産の合計額が1億円以上である場合において、その相続又は遺贈により相続対象財産を取得した非居住者である相続人がいるときに、その被相続人の所得として課されます。

　なお、準確定申告の期限（**(6)**）までに遺産が未分割であり、非居住者である相続人が相続対象財産を取得するか否かが決まっていない場合においても、相続対象財産があるときは、法定相続分などに従って、その非居住者である相続人にその相続対象財産の一部の移転があったものとして国外転出（相続）時課税の適用があります。

　その後の分割協議が整い、非居住者である相続人の相続対象財産の取得分が異なった場合の取り扱いについては、**第4編第2章Q10**を参照してください。

(3) 国外転出時課税の対象資産

　国外転出（相続）時課税の対象資産には、有価証券（株式や投資信託など）、匿名組合契約の出資の持分、未決済の信用取引・発行日取引及び未決済のデリ

バティブ取引（先物取引、オプション取引など）が該当します（所法60の2①〜③）。

(4) 対象資産の価額

　対象資産の価額の合計額が1億円以上となるかどうかについては、相続開始の時に適用被相続人等が所有等していた対象資産の次の①及び②に掲げる金額の合計額を基に判定します（所法60の3④）。

① 対象資産が有価証券等である場合

　相続開始の時の有価証券等の価額に相当する金額（所法60の3①）。

② 対象資産が未決済信用取引等又は未決済デリバティブ取引である場合

　相続開始の時に未決済信用取引等又は未決済デリバティブ取引を決済したものとみなして算出した利益の額又は損失の額に相当する金額（所法60の3②、③）。

(5) 対象資産の範囲

　対象資産の価額の合計額が1億円を超えるかどうかについては、非居住者である相続人等が取得した相続対象資産の価額のみで判定するのではなく、その相続対象資産を含めて、相続開始の時に被相続人が有していた対象資産の価額の合計額が1億円以上となるかどうかを判定します。

(6) 準確定申告の申告期限

　国外転出（相続）時課税の申告をする場合は、適用被相続人等の相続人は、相続開始があったことを知った日の翌日から4か月以内に、その年の各種所得に国外転出（相続）時課税の適用による所得を含めて適用被相続人等の準確定

申告及び納税をする必要があります（所法60の3①・②・③、125①、129）。

（7）申告を行う者の範囲

　国外転出（相続）時課税は、適用被相続人等が亡くなった場合に、適用被相続人等が相続対象資産を譲渡等したものとみなしますので、適用被相続人等の準確定申告は、その相続人がすることとなります（所法125①）。

　したがって、相続対象資産を取得したか、また居住者又は非居住者であるかを問わず、相続対象資産を取得していない相続人についても、適用被相続人等の相続人が各種所得に国外転出（相続）時課税の適用による所得を含めて適用被相続人等の準確定申告及び納税をする必要があります。

（8）5年以内に帰国した場合の課税の取り消し

　相続対象資産を取得した非居住者である相続人等が、相続開始の日から5年以内に帰国をした場合、その帰国の時まで引き続き所有等している相続対象資産については、適用被相続人等の相続人は、適用被相続人等の国外転出（相続）時課税の適用がなかったものとして、課税の取消しをすることができます（所法60の3⑥一）。

　相続対象資産を取得した非居住者である相続人等が複数いる場合には、その非居住者である相続人等の全員が帰国をしたときに、課税の取消しをすることができます。

　また、①相続開始の日から5年以内に相続対象資産を取得した非居住者である相続人等がその相続対象資産を居住者に贈与した場合や、②相続対象資産を取得した非居住者である相続人等が亡くなり、適用被相続人等の相続開始の日から5年以内に、その亡くなった非居住者である相続人等から相続対象資産を取得した相続人又は受遺者の全てが居住者となった場合にも、適用被相続人等の相続人は、その贈与、相続又は遺贈により取得した相続対象資産について、

国外転出（相続）時課税の適用がなかったものとして、課税の取消しをすることができます（所法60の3⑥二、三）。

　ただし、対象資産の所得の計算につき、その計算の基礎となるべき事実の全部又は一部について、隠蔽又は仮装があった場合には、その隠蔽又は仮装があった事実に基づく所得については、課税の取消しをすることはできません（所法60の3⑥）。

　課税の取消しをするためには、適用被相続人等の相続人は、相続対象資産を取得した非居住者である相続人等の全員が帰国などをした日から4か月以内に更正の請求をする必要があります（所法153の3①）。

※1　納税猶予の特例の適用を受け、「国外転出をする場合の譲渡所得等の特例等に係る納税猶予の期限延長届出書」を提出している場合には、相続開始の日から10年以内に非居住者である相続人等が上記の帰国などをしたときに、課税の取消しをすることができます（所法60の3⑦）。
※2　納税猶予の特例の適用を受けずに所得税を納付した者が、5年以内に非居住者である相続人等の全員が帰国をした場合に更正の請求を行い所得税が還付されるときには、その更正の請求があった日の翌日から起算して3か月を経過する日とその更正の請求に係る更正があった日の翌日から起算して1か月を経過する日とのいずれか早い日の翌日から還付の支払決定日又は充当日までの期間について還付加算金が発生します。したがって、納付した日から還付加算金が発生するわけではありません。

(9) 納税猶予の特例の手続き

　納税猶予の特例の適用を受けるためには、まず、相続対象資産を取得した非居住者である相続人等の全員が国外転出（相続）時課税の申告期限（相続開始があったことを知った日の翌日から4か月を経過した日の前日）までに納税管理人の届出をする必要があります。

　また、適用被相続人等の相続人は、国外転出（相続）時課税の申告をする準確定申告書に納税猶予の特例の適用を受けようとする旨を記載するとともに、

「国外転出等の時に譲渡又は決済があったものとみなされる対象資産の明細書（兼納税猶予の特例の適用を受ける場合の対象資産の明細書）《確定申告書付表》」及び「国外転出をする場合の譲渡所得等の特例等に係る納税猶予分の所得税及び復興特別所得税の額の計算書」を添付し、その準確定申告書の提出期限までに、納税を猶予される所得税額及び利子税額に相当する担保を提供する必要があります（所法137の3②、④）。

　さらに、適用被相続人等の相続人は、適用被相続人等の準確定申告書の提出後についても、納税猶予期間中は、各年の12月31日において相続対象資産を取得した非居住者である相続人等が所有等している相続対象資産について、引き続き納税猶予の特例の適用を受けたい旨などを記載した「国外転出をする場合の譲渡所得等の特例等に係る納税猶予の継続適用届出書」を翌年3月15日（土・日曜日の場合は翌月曜日）までに、所轄税務署へ提出する必要があります（所法137の3⑦）。

（10）納税猶予期間満了時の手続き

　納税猶予期間が満了した場合、納税猶予の特例の適用を受けた者（適用被相続人等の相続人）は、相続等満了基準日（相続開始の日から5年又は10年を経過する日と相続人帰国日のいずれか早い日）の翌日以後4月を経過する日までに納税を猶予された所得税及び利子税を納付する必要があります（所法137の3②）。

　また、相続等満了基準日において、相続対象資産を取得した非居住者である相続人等が相続開始の日から引き続き所有等している相続対象資産の価額が相続開始の時の価額よりも下落している場合には、相続開始の時に相続等満了基準日の価額で譲渡等したものとみなして、国外転出（相続）時課税の申告をした年分の所得税を再計算することができます（所法60の3⑪）。

　この場合には、適用被相続人等の相続人は、納税猶予期間の満了日から4か月以内に更正の請求をすることで、所得税を減額することができます（所法153の3③）。

第**4**編
未分割等の場合の所得税・消費税の実務

（11）納税猶予期間中に死亡した場合

　国外転出（相続）時課税により納税猶予期間の満了までに納税猶予の特例の適用を受けていた者（適用被相続人の相続人）が亡くなられた場合には、納税猶予分の所得税額の納付義務は、納税猶予の特例の適用を受けていた者の相続人が承継することとなります（所法137の3⑮）。

　納税猶予の特例の適用を受けていた者の相続人のうち非居住者である者は、相続開始があったことを知った日の翌日から4か月以内に納税管理人の届出をする必要があります（既に納税管理人の届出をしている場合を除きます）（所令266の3⑰）。

　なお、納税猶予の期間については、亡くなった方の残存期間を引き継ぐこととなります（所令266の3⑯）。

第 **3** 章

消費税の実務

13 未分割遺産から生じる資産の譲渡等の帰属

Q 相続税の申告期限までに遺産分割協議が調わず、未分割で相続税の申告を行う予定です。その場合における未分割遺産から生じた収入としての課税売上などの資産の譲渡等は誰に帰属すべきものでしょうか。

- -

A 未分割の遺産から生じた収入としての課税売上などの資産の譲渡等については、所得税と同様に、法定相続分などに応じて各共同相続人に帰属することとなります。

解 説

　遺産分割協議が調わないときの未分割遺産に係る収入については、その相続分（法定相続分又は遺言による指定相続分がある場合にはその指定相続分）に応じて、各共同相続人にそれぞれ収入が帰属するものとされます。

　このことから、消費税計算における資産の譲渡等の認識についても、所得税法における未分割遺産に係る収入の取り扱い（第4編第1章 **Q2**）と同様に、相続開始時から遺産分割協議確定時までの未分割遺産に係る資産の譲渡等は、その相続分（法定相続分又は遺言による指定相続分がある場合にはその指定相続分）に応じて、各共同相続人にそれぞれ帰属するものとされます。

　したがって、相続により被相続人の事業を承継したことにより基準期間における課税売上高が1,000万円超となった者（そもそも相続人自身の基準期間にお

第**4**編
未分割等の場合の所得税・消費税の実務

ける課税売上高が1,000万円を超えている者を含む）は、当該遺産から生じた収入に関する資産の譲渡等を考慮して、消費税の確定申告を行う必要があります。

　なお、遺産分割協議が調った後の資産の譲渡等については、分割協議によりその遺産を相続することとなった相続人に帰属します。

第3章 消費税の実務

14 相続開始年における未分割遺産に係る共同相続の場合の納税義務

Q 相続が発生した年における相続発生後から12月31日までの未分割遺産の収入に係る消費税の納税義務はどのように判定しますか。

A 被相続人の基準期間における課税売上高に、法定相続分等の各共同相続人の相続分に応じた割合を乗じた金額を、各共同相続人の基準期間における課税売上として納税義務の判定を行います。

解 説

(1) 納税義務の判定

その年において相続があった場合において、その年の基準期間における課税売上高が1,000万円以下である相続人（課税事業者選択届出により課税事業者となっている者を除く。以下同じ）が、当該基準期間における課税売上高が1,000万円を超える被相続人の事業を承継したときは、当該相続人の当該相続のあった日の翌日からその年12月31日までの間における課税資産の譲渡等及び特定課税仕入れについては、納税義務の免除の規定（消法9①）は適用されません（消法10①）。

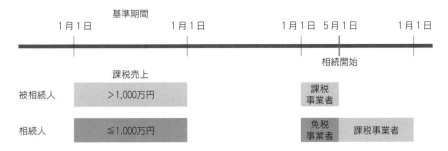

第**4**編
未分割等の場合の所得税・消費税の実務

　消費税の納税義務は、基準期間における課税売上が1,000万円を超えるか否かにより判定を行いますが、相続があった場合の納税義務については、相続人自身の基準期間における課税売上高だけではなく、被相続人の基準期間における課税売上の両方に留意して、相続人の納税義務を判断する必要があります。

　まず、そもそも相続人自身の基準期間における課税売上高が1,000万円を超えている場合には、当然に相続開始の年における納税義務がありますので、被相続人の基準期間における課税売上高を考慮する必要はありません。

　問題となるのは、相続人自身の基準期間における課税売上高が1,000万円に満たない場合に、どのように判定をするかということです。この場合には、上述の規定（消法10①）により、当該基準期間における課税売上高が1,000万円を超える被相続人の事業を承継したときは、当該相続人の当該相続のあった日の翌日からその年の12月31日までの間における課税資産の譲渡等については、仮に相続が発生しなかった場合には納税義務が生じない共同相続人であったとしても納税義務を免除されないこととなり、課税事業者に該当します。

　なお、当該規定は、被相続人の基準期間における課税売上高だけで納税義務の有無を判定するものであり、被相続人の基準期間における課税売上高と相続人の基準期間における課税売上高を合算して判定するものではありません。これは、相続があった年に、年の途中から、しかも相続の直後に煩雑な事務処理をしなければならないことにならないように配慮されたものであると考えられます。

(2) 未分割であり共同相続人が2人以上いる場合

　相続があった場合の納税義務の免除の特例の規定（消法10①）を適用する場合において、相続人が複数いるときは、相続財産の分割が実行されるまでの間は被相続人の事業を承継する相続人は確定しないことから、各相続人が共同して被相続人の事業を承継したものとして取り扱うこととされています。

　この場合において、各相続人のその課税期間に係る基準期間における課税売

上高は、当該被相続人の基準期間における課税売上高に各相続人の法定相続分など（(民900)、代襲相続人の相続分（民901）から特別受益者の相続分（民903）までの規定の適用を受ける場合には、これらの各条）の相続分に応じた割合を乗じた金額となります（消基通1－5－5）。

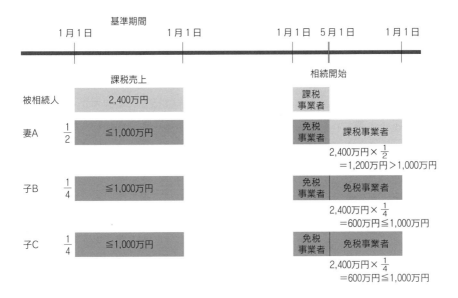

なお、未分割遺産が分割された場合には、民法においては、遺産の分割は相続開始時に遡ってその効力が生じるものとされています（民909）。一方で、消費税の納税義務の判定にあたっては、その判定時点での適正な事実関係に基づき判定されたものである場合には、その判定が認められるものと考えます。

したがって、遺産分割の結果に基づいて改めて納税義務の判定を行う必要はなく、判定時点で免税事業者と判定された相続人について、遺産分割の結果により課税事業者に該当するような場合においても、当初の免税事業者としての納税義務の判定に影響は及ぼしません。

第**4**編
未分割等の場合の所得税・消費税の実務

15 相続開始年の翌年以降における
未分割遺産に係る共同相続の場合の納税義務

Q 相続が発生した年の翌年における未分割遺産の収入に係る消費税の納税
義務はどのように判定しますか。
また、もし翌年以降に遺産分割協議が調ったときにおける当該事業を引き継い
だ相続人に係る消費税の納税義務はどのように判定しますか。

A 仮に相続が発生しなかった場合には納税義務が生じない共同相続人で
あったとしても、当該相続人の当該基準期間における課税売上高と被相
続人の基準期間における課税売上高に法定相続分等の各共同相続人の相続分に
応じた割合を乗じた金額とを合計した金額が、各共同相続人の基準期間におけ
る課税売上として納税義務の判定を行います。

解 説

(1) 納税義務の判定

　その年の前年又は前々年において相続により被相続人の事業を承継した相続
人のその年の基準期間における課税売上高が1,000万円以下である場合におい
て、当該相続人の当該基準期間における課税売上高と当該相続に係る被相続人
の当該基準期間における課税売上高との合計額が1,000万円を超えるときは、
当該相続人のその年における課税資産の譲渡等及び特定課税仕入れについて
は、納税義務の免除の規定(消法9①)は、適用されません(消法10②)。

第3章
消費税の実務

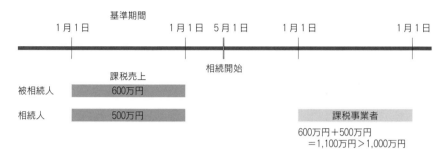

　消費税の納税義務は、基準期間における課税売上が1,000万円を超えるか否かにより判定を行いますが、相続があった場合の納税義務については、相続人自身の基準期間における課税売上高だけではなく、被相続人の基準期間における課税売上の両方に留意して、相続人の納税義務を判断する必要があります。

　そもそも相続開始の年の翌年及び翌々年における相続人自身の基準期間における課税売上高が1,000万円を超えている場合には、その年における納税義務がありますので、被相続人の基準期間における課税売上高を考慮する必要はありません。

　問題となるのは、相続開始の年の翌年及び翌々年における相続人自身の基準期間における課税売上高が1,000万円に満たない場合に、どのように判定をするかということです。この場合には、上述の（消法10②）により、相続人の当該基準期間における課税売上高と被相続人の当該基準期間における課税売上高との合計額が1,000万円を超えるときは、当該相続人のその年における課税資産の譲渡等については、仮に相続が発生しなかった場合には納税義務が生じない共同相続人であったとしても納税義務を免除されないこととなり、課税事業者に該当します。

(2) 未分割であり共同相続人が2人以上いる場合

　相続があった場合の納税義務の免除の特例の規定（消法10②）を適用する場合において、2以上の相続人があるときには、相続財産の分割が実行されるま

第4編
未分割等の場合の所得税・消費税の実務

での間は被相続人の事業を承継する相続人は確定しないことから、各相続人が共同して被相続人の事業を承継したものとして取り扱うこととされています。

この場合において、各相続人のその課税期間に係る基準期間における課税売上高は、当該被相続人の基準期間における課税売上高に各相続人の法定相続分など（（民900）、代襲相続人の相続分（民901）から特別受益者の相続分（民903）までの規定の適用を受ける場合には、これらの各条）の相続分に応じた割合を乗じた金額となります（消基通1－5－5）。

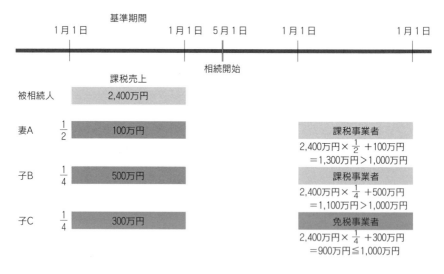

なお、未分割遺産が分割された場合には、民法においては、遺産の分割は相続開始時に遡ってその効力が生じるものとされています（民909）。一方で、消費税の納税義務の判定にあたっては、その判定時点での適正な事実関係に基づき判定されたものである場合には、その判定が認められるものと考えます。

したがって、遺産分割の結果に基づいて改めて納税義務の判定を行う必要はなく、判定時点で免税事業者と判定された相続人について、遺産分割の結果により課税事業者に該当するような場合においても、当初の免税事業者としての納税義務の判定に影響は及ぼしません。

(3) 基準期間に相続開始日が存する年の納税義務

相続開始の年の翌々年における相続人自身の基準期間における課税売上高が1,000万円以下である場合において、上述の（2）のとおり、相続人の当該基準期間における課税売上高と被相続人の当該基準期間における課税売上高との合計額が1,000万円を超えるときは、当該相続人のその年における課税資産の譲渡等については、仮に相続が発生しなかった場合には納税義務が生じない共同相続人であったとしても納税義務を免除されないこととなり、課税事業者に該当します。

また、相続財産が未分割である期間の未分割遺産に係る課税売上高については、その相続分に応じて各共同相続人にそれぞれ帰属するものとされますので、相続発生日から年末までの未分割遺産に係る課税売上高に各相続人の法定相続分等に応じた割合を乗じた金額は、相続人の当該基準期間における課税売上高に含まれます。

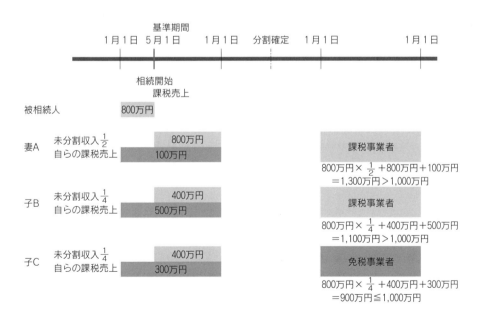

第**4**編
未分割等の場合の所得税・消費税の実務

(4) 基準期間に遺産分割日が存する年の納税義務

　未分割遺産が分割された場合には、民法においては、遺産の分割は相続開始時に遡ってその効力が生じるものとされています（民909）。一方で未分割遺産から生じる収入債権は、相続財産とは別個の財産であり、その共有財産から生じる法定果実を受け取る分割単独債権として各共同相続人に帰属するものとされています。

　したがって、遺産分割協議までにその年の1月1日から未分割に係る課税売上として各共同相続人に帰属した課税売上高に変動は生じることはなく、当該課税売上高は、基準期間に遺産分割日が存する年の各共同相続人の納税義務の判定にあたって、それぞれ各共同相続人の基準期間における課税売上高を構成します。

　なお、遺産分割協議が調った後の課税売上について、分割協議によりその課税売上の原因となる遺産を取得し事業を継続していく相続人が、その分割日以降の課税売上高を認識していくこととなります。

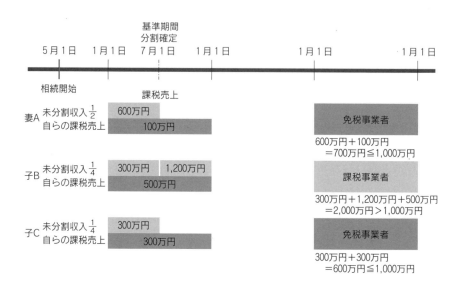

304

第3章
消費税の実務

16 被相続人が提出した消費税の
届出書の効力

Q 被相続人が税務署へ提出していた消費税の各種届出書の効力は、相続人に引き継がれますか。

A 被相続人が提出した課税事業者選択届出書、課税期間特例選択等届出書又は簡易課税制度選択届出書の効力は、相続により被相続人の事業を承継した相続人には及びません。したがって、相続人がこれらの規定の適用を受けようとするときは、新たにこれらの届出書を提出しなければなりません。
なお、事業を承継した相続人が新たに各届出書を提出した場合には、その届出書を提出した事業年度からその届出の効力が生じます。

解 説

(1) 相続があった場合の課税事業者選択届出書の効力等

相続があった場合における「課税事業者の選択」(消法9④)の規定の適用は、次のようになるので留意が必要です。

① 被相続人が提出した課税事業者選択届出書の効力は、相続により当該被相続人の事業を承継した相続人には及びません。したがって、当該相続人が「課税事業者の選択」の規定の適用を受けようとするときは、新たに課税事業者選択届出書を提出しなければなりません。

② 事業を営んでいない相続人が、相続により被相続人の事業を承継した場合又は個人事業者である相続人が相続により「課税事業者の選択」の規定の適用を受けていた被相続人の事業を承継した場合において、当該相続人が相続があった日の属する課税期間中に課税事業者選択届出書を提出したときは、当該課税期間は、「事業を開始した日の属する課税期間」(消令20

305

一）又は「相続があった日の属する課税期間」（消令20二）に規定する課税期間に該当します（消基達1－4－12）。

　したがって、その相続人が課税事業者選択届出書を提出した相続が発生した課税期間から「課税事業者の選択」の規定の効力を受けることとなります。

（2）相続があった場合の課税期間特例選択等届出書の効力等

　相続があった場合における「課税期間の特例」（消法19①三、三の二）の規定の適用は、次のようになるので留意が必要です。

①　被相続人が提出した課税期間特例選択等届出書の効力は、相続により当該被相続人の事業を承継した相続人には及びません。したがって、当該相続人が「課税期間の特例」の規定の適用を受けようとするときは、新たに課税期間特例選択等届出書を提出しなければなりません。

②　事業を営んでいない相続人が、相続により被相続人の事業を承継した場合又は個人事業者である相続人が相続により「課税期間の特例」の規定の適用を受けていた被相続人の事業を承継した場合において、当該相続人が相続があった日の属する期間（（消法19①三又は三の二）に定める期間をいう。以下（2）において同じ）中に課税期間特例選択等届出書を提出したときは、当該期間は、事業を開始した日の属する期間（消令41①一）又は相続があった日の属する期間（消令41①二）に規定する期間に該当します（消基通3－3－2）。

　したがって、その相続人が課税期間特例選択等届出書を提出した相続が発生した課税期間から「課税期間の特例」の規定の効力を受けることとなります。

第3章
消費税の実務

（3）相続があった場合の簡易課税制度選択届出書の効力等

　相続があった場合における「中小事業者の仕入れに係る消費税額の控除の特例」（消法37①）の規定の適用は、次のようになるので留意が必要です。

①　被相続人が提出した簡易課税制度選択届出書の効力は、相続により当該被相続人の事業を承継した相続人には及びません。したがって、当該相続人が「中小事業者の仕入れに係る消費税額の控除の特例」の規定の適用を受けようとするときは、新たに簡易課税制度選択届出書を提出しなければなりません。

②　事業を営んでいない相続人が、相続により被相続人の事業を承継した場合又は個人事業者である相続人が相続により「中小事業者の仕入れに係る消費税額の控除の特例」の規定の適用を受けていた被相続人の事業を承継した場合において、当該相続人が相続があった日の属する課税期間中に簡易課税制度選択届出書を提出したときは、当該課税期間は、「事業を開始した日の属する課税期間」（消令56①一）又は「相続があった日の属する課税期間」（消令56①二）に規定する課税期間に該当します。

　したがって、その相続人が簡易課税制度選択届出書を提出した相続が発生した課税期間から「中小事業者の仕入れに係る消費税額の控除の特例」の規定の効力を受けることとなります。

　ただし、当該課税期間の基準期間における課税売上高が1,000万円を超え、課税事業者に該当する個人事業者が相続により「中小事業者の仕入れに係る消費税額の控除の特例」の規定の適用を受けていた被相続人の事業を承継した場合の当該課税期間は、「相続があった日の属する課税期間」に規定する課税期間には該当しません（消基通13－1－3の2）。

第**4**編
未分割等の場合の所得税・消費税の実務

(4) 相続により事業を承継した場合のインボイス制度に関する事業者登録の効力

　令和5年10月1日から、複数税率に対応した消費税の仕入税額控除の方式として、適格請求書等保存方式（いわゆるインボイス制度）が導入されます。当該制度の下では、税務署長に申請を行い登録を受けた課税事業者が、「適格請求書発行事業者」として交付する「適格請求書等（インボイス）」の保存を要件として、仕入れた側の事業者が仕入税額控除を受けることができるようになります。

　この「適格請求書発行事業者」の登録を受けていた被相続人から相続を受け、事業を承継した相続人は、当該事業に関する事業者登録の効力を有するためには、下記期間の区分に応じてそれぞれ申請等の手続きを行う必要があります。

① 令和5年10月1日より前に相続が発生した場合

　令和5年10月1日から登録を受けることとされていた事業者である被相続人が、令和5年10月1日より前に死亡した場合は、その登録の効力は生じません。したがって、相続により事業を承継した相続人が、適格請求書発行事業者の登録を受けるためには、新たに相続人自身の登録申請書を提出する必要があります（相続人が既に登録申請書を提出していた場合を除きます）。

　事業を引き継いだ相続人が、令和5年10月1日から登録を受けようとする場合は、原則として、令和5年3月31日までに登録申請書を提出する必要があります。しかし、令和5年3月31日までに登録申請書を提出できなかったことにつき困難な事情がある場合において、令和5年9月30日までの間に登録申請書にその困難な事情を記載して提出し、税務署長により適格請求書発行事業者の登録を受けたときは、令和5年10月1日に登録を受けたこととみなされる措置が設けられています（改正令附則15）。

308

第3章
消費税の実務

　相続による事業承継は、この困難な事情に該当しますので、令和5年9月30日までに登録申請書を提出すれば、令和5年10月1日から登録を受けることができます。

　なお、登録申請を行った事業者が死亡した場合は、相続人は、「個人事業者の死亡届出書」の提出も必要となります。

② 令和5年10月1日以後に相続が発生した場合

　令和5年10月1日以後に適格請求書発行事業者である被相続人が死亡した場合、その相続人は「適格請求書発行事業者の死亡届出書」を提出する必要があり、届出書の提出日の翌日又は死亡した日の翌日から4月を経過した日のいずれか早い日※にその登録の効力が失われます。

　また、相続により事業を承継した相続人が、適格請求書発行事業者の登録を受けるためには、相続人は新たに自身の登録申請書の提出が必要となります（相続人が既に登録を受けていた場合を除きます）。

　なお、事業を承継した相続人については、相続開始日の翌日から下記いずれか早い日までの期間については、みなし登録期間として、当該相続人を適格請求書発行事業者とみなす措置※が設けられています。
（イ）自身が適格請求書発行事業者の登録を受けた日の前日
（ロ）その相続に係る適格請求書発行事業者が死亡した日の翌日から4月を経過する日

　この場合には当該期間においては、被相続人の登録番号を相続人の登録番号とみなすこととされています。当該みなし登録を受けるためには、登録申請書の提出から登録通知を受けるまでに、審査等に一定の期間を要しますので、相続により事業を承継した相続人が適格請求書発行事業者の登録を受ける場合

309

第**4**編
未分割等の場合の所得税・消費税の実務

は、早期に登録申請を行う必要があります。

※ みなし登録期間中は被相続人の登録は有効となります。

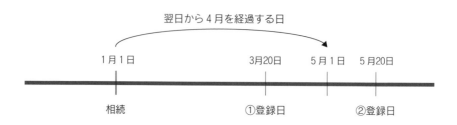

― みなし期間 ―
① 3月19日と5月1日のいずれか早い日まで　∴1月2日〜3月19日
② 5月19日と5月1日のいずれか早い日まで　∴1月2日〜5月1日

第3章

消費税の実務

第7号様式

個 人 事 業 者 の 死 亡 届 出 書

収受印				
令和　年　月　日	届出者	（フリガナ）	（〒　　－　　）	
		住 所 又 は 居 所		（電話番号　　－　　－　　）
		（フリガナ）		
＿＿＿＿税務署長殿		氏　　　　　名		
		個 人 番 号		

下記のとおり、事業者が死亡したので、消費税法第57条第1項第4号の規定により届出します。

死 亡 年 月 日		令和　　　　　　年　　　　　　月　　　　　　日	
死亡した事業者	納　税　地		
	氏　　　名		
届出人と死亡した事業者との関係			
参　考　事　項		事 業 承 継 の 有 無	有 ・ 無
	事業承継者	住 所 又 は 居 所	（電話番号　　－　　－　　）
		氏　　　名	
税 理 士 署 名			（電話番号　　－　　－　　）

※税務署処理欄	整理番号		部門番号					
	届出年月日	年　月　日	入力処理	年　月　日		台帳整理	年　月　日	
	番号確認	身元確認	□ 済 □ 未済	確認書類	個人番号カード／通知カード・運転免許証 その他（　　　　　）			

注意　1．裏面の記載要領等に留意の上、記載してください。
　　　2．税務署処理欄は、記載しないでください。

出典：国税庁ホームページ

311

第**4**編
未分割等の場合の所得税・消費税の実務

第4号様式

適格請求書発行事業者の死亡届出書

収受印		（フリガナ）	（〒　　－　　）
令和　　年　　月　　日	届 出 者	住 所 又 は 居 所	（電話番号　　　　－　　　　－　　　　）
		（フリガナ）	
＿＿＿＿ 税務署長殿		氏　　　　　名	
		個 人 番 号	

　下記のとおり、適格請求書発行事業者が死亡したので、消費税法第57条の3第1項の規定により届出します。

死 亡 年 月 日	令和　　　　年　　　　月　　　　日	
死亡し適格請求書発行事業者	（フリガナ）	
	納　税　地	（〒　　－　　）
	（フリガナ）	
	氏　　　名	
	登 録 番 号	Ｔ

届 出 者 と 死 亡 し た 適 格 請 求 書 発 行 事 業 者 と の 関 係	
相続による届出者の事業承継の有無	適格請求書発行事業者でない場合は、有無のいずれかを○で囲んでください。 　　　　有　・　無
参　考　事　項	
税 理 士 署 名	（電話番号　　　　－　　　　－　　　　）

※税務署処理欄	整 理 番 号		部 門 番 号		届出年月日	年　月　日
	入 力 処 理	年　月　日	番号 確認	身元 確認　□ 済 　　　□ 未済	確認 書類	個人番号カード／通知カード・運転免許証 その他（　　）

注意　1　記載要領等に留意の上、記載してください。
　　　2　税務署処理欄は、記載しないでください。

出典：国税庁ホームページ

第3章
消費税の実務

第4号様式

収受印

相続・合併・分割等があったことにより課税事業者となる場合の付表

届出者	納税地	
	氏名又は名称	

① 相続の場合(分割相続 有・無)

被相続人の	納税地		所轄署( )
	氏名		
	事業内容		

② 合併の場合(設立合併・吸収合併)

i 被合併法人の	納税地		所轄署( )
	名称		
	事業内容		
ii 被合併法人の	納税地		所轄署( )
	名称		
	事業内容		

③ 分割等の場合(新設分割・現物出資・事後設立・吸収分割)

i 分割親法人の	納税地		所轄署( )
	名称		
	事業内容		
ii 分割親法人の	納税地		所轄署( )
	名称		
	事業内容		

基準期間の課税売上高

課税事業者となる課税期間の基準期間	自 平成・令和 年 月 日 至 平成・令和 年 月 日	
上記期間の	①相続人 ②合併法人 ③分割子法人 の課税売上高	円
	①被相続人 ②被合併法人 ③分割親法人 の課税売上高	円
	合計	円

注意
1. 相続により事業場ごとに分割承継した場合は、自己の相続した事業場に係る部分の被相続人の課税売上高を記入してください。
2. ①、②及び③のかっこ書については該当する項目に○を付します。
3. 「分割親法人」とは、分割等を行った法人をいい、「分割子法人」とは、新設分割、現物出資又は事後設立により設立された法人若しくは吸収分割により営業を承継した法人をいいます。
4. 元号は、該当する箇所に○を付します。

出典:国税庁ホームページ

(5) 未分割である場合

　被相続人が提出した各種届出書の効力は、上述のとおり相続人に及びません
から、被相続人の事業を引き継ぐ相続人は各種届出書に係る規定の適用を受け
ようとする場合には、その届出期限までにそれぞれ提出する必要があります。

　遺産分割協議が調っていないことから、その被相続人の事業を引き継ぐ相続
人が決まっていない場合には、その事業に係る資産の譲渡等はその相続分に応
じて各共同相続人にそれぞれ帰属するものとされ、その消費税の納税義務の判
定及び確定申告も各共同相続人がそれぞれ行う必要があります。したがって、
消費税の各種届出書も各共同相続人がそれぞれその届出期限までにそれぞれ提
出する必要があります。

(6) やむを得ない事情に該当する場合

　相続人が、その課税期間開始前に上述の届出書を提出することができなかっ
たことについてやむを得ない事情がある（その課税期間の末日前おおむね1月以
内に相続があったことにより、その相続に係る相続人が新たに課税事業者選択届出
書などを提出できる個人事業者となった）ため、これらの届出書の提出ができな
かった場合には、所轄税務署長の承認を受けることにより、その課税期間前に
これらの届出書を提出したものとみなされます。

　この承認を受けようとする事業者は、その選択をしようとし、又は選択をや
めようとする課税期間の初日の年月日、課税期間の開始の日の前日までにこれ
らの届出書を提出できなかった事情などを記載した申請書を、やむを得ない事
情がやんだ日から2か月以内に所轄税務署長に提出することとされています。

第3章
消費税の実務

【国税庁タックスアンサー】

やむを得ない事情により課税事業者選択届出書等の提出が間に合わなかった場合

　事業者が、その課税期間開始前に「消費税課税事業者選択届出書」、「消費税課税事業者選択不適用届出書」、「消費税簡易課税制度選択届出書」または「消費税簡易課税制度選択不適用届出書」を提出することができなかったことについてやむを得ない事情があるため、これらの届出書の提出ができなかった場合には、所轄税務署長の承認を受けることにより、その課税期間前にこれらの届出書を提出したものとみなされます。

【内容】

　この承認を受けようとする事業者は、その選択をしようとし、または選択をやめようとする課税期間の初日の年月日、課税期間の開始の日の前日までにこれらの届出書を提出できなかった事情などを記載した申請書（「消費税課税事業者選択（不適用）届出に係る特例承認申請書」、「消費税簡易課税制度選択（不適用）届出に係る特例承認申請書」）を、やむを得ない事情がやんだ日から2か月以内に所轄税務署長に提出することとされています。

　なお、その申請書と併せて、その特例の適用を受けようとする届出書を提出してください。

【やむを得ない事情】

　上記の場合の「やむを得ない事情」とは、次のような場合をいいますので、届出書の提出を忘れていた場合等は「やむを得ない事情」に当たりません。

(1) 　震災、風水害、雪害、凍害、落雷、雪崩、がけ崩れ、地滑り、火山の噴火等の天災または火災その他人的災害で自己の責任によらないものに基因する災害が発生したことにより、届出書の提出ができない状態になったと認められる場合

(2) 　(1)の災害に準ずるような状況または、その事業者の責めに帰することができない状態にあることにより、届出書の提出ができない状態になったと認められる場合

第**4**編
未分割等の場合の所得税・消費税の実務

（3）　その課税期間の末日前おおむね1か月以内に相続があったことにより、その相続に係る相続人が新たに課税事業者選択届出書などを提出できる個人事業者となった場合

（4）　以上に準ずる事情がある場合で、税務署長がやむを得ないと認めた場合

□著者紹介

税理士法人トゥモローズ

相続税申告を年間200件以上取り扱う相続専門の税理士法人。

謙虚に、素直に、誠実に、お客様目線を徹底的に貫く相続サービスに定評があり、近年は税理士からの相続税申告の相談依頼も多い。

また、相続税務に関する税務専門誌への寄稿も多数手掛けている。

「人間力と専門性により相続コンサルティングのリーディングカンパニーを目指す」をコーポレートミッションに掲げている。

角田 壮平（つのだ・そうへい）

東京都江戸川区出身。

アクタス税理士法人、EY 税理士法人、税理士法人チェスター専務役員を経て、税理士法人トゥモローズ代表社員就任。

大塚 英司（おおつか・えいじ）

埼玉県所沢市出身。

東日本税理士法人、EY 税理士法人を経て、税理士法人トゥモローズ代表社員就任。

新版 イレギュラーな相続に対処する 未分割申告の税実務

2022年 8 月10日　初 版 発 行
2022年11月30日　第 2 刷発行

著　者　　税理士法人トゥモローズ Ⓒ

発行者　　小泉 定裕

発行所　　株式会社 清文社

東京都文京区小石川 1 丁目 3 − 25（小石川大国ビル）
〒112-0002　電話03（4332）1375　FAX 03（4332）1376
大阪市北区天神橋 2 丁目北 2 − 6（大和南森町ビル）
〒530-0041　電話06（6135）4050　FAX 06（6135）4059
URL https://www.skattsei.co.jp/

印刷：亜細亜印刷㈱

■著作権法により無断複写複製は禁止されています。落丁本・乱丁本はお取り替えします。
■本書の内容に関するお問い合わせは編集部まで FAX（03-4332-1378）または edit-e@skattsei.co.jp でお願いします。
■本書の追録情報等は，当社ホームページ（https://www.skattsei.co.jp/）をご覧ください。

ISBN978-4-433-72292-0